INCREDIBILE SCIENZA

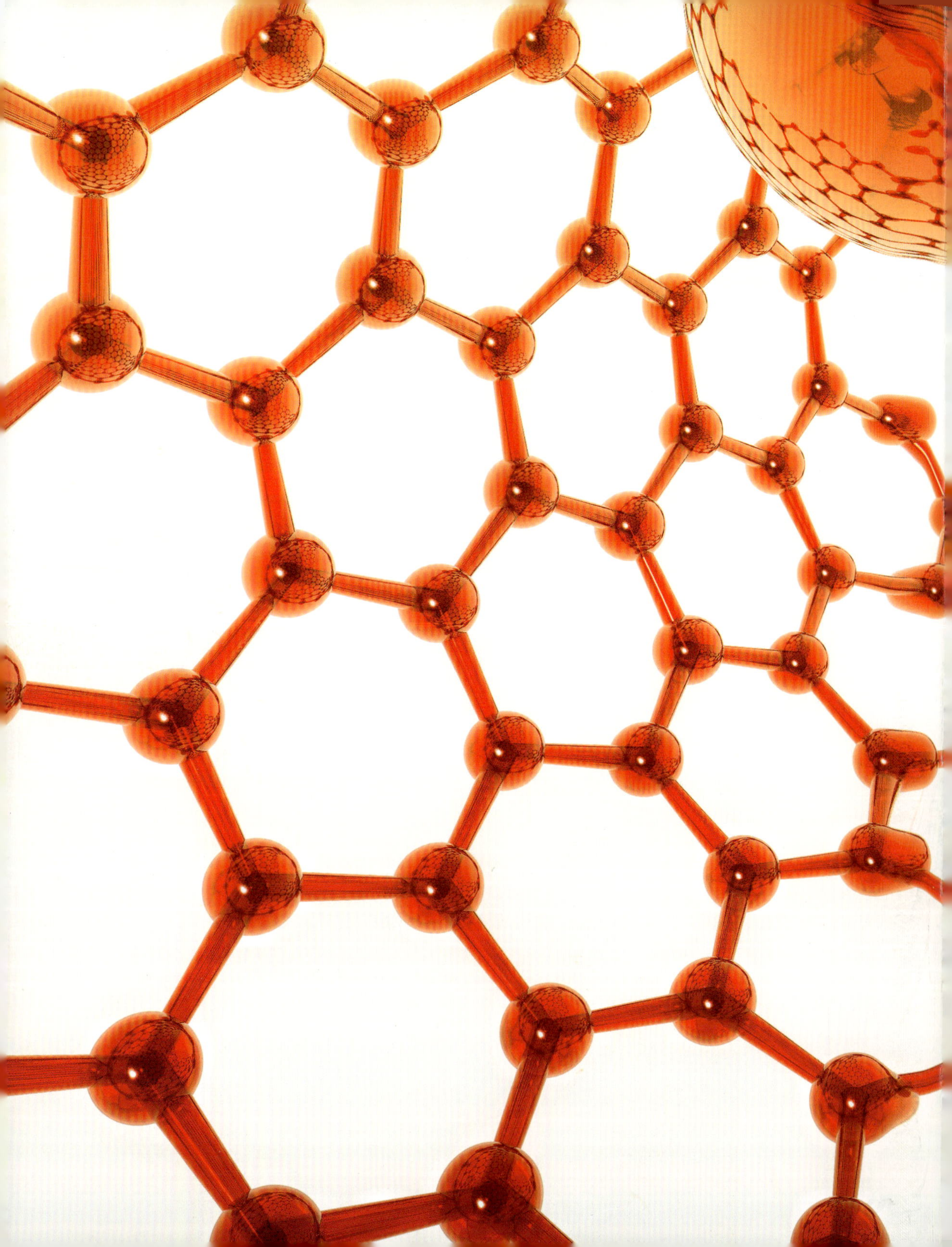

INCREDIBILE SCIENZA

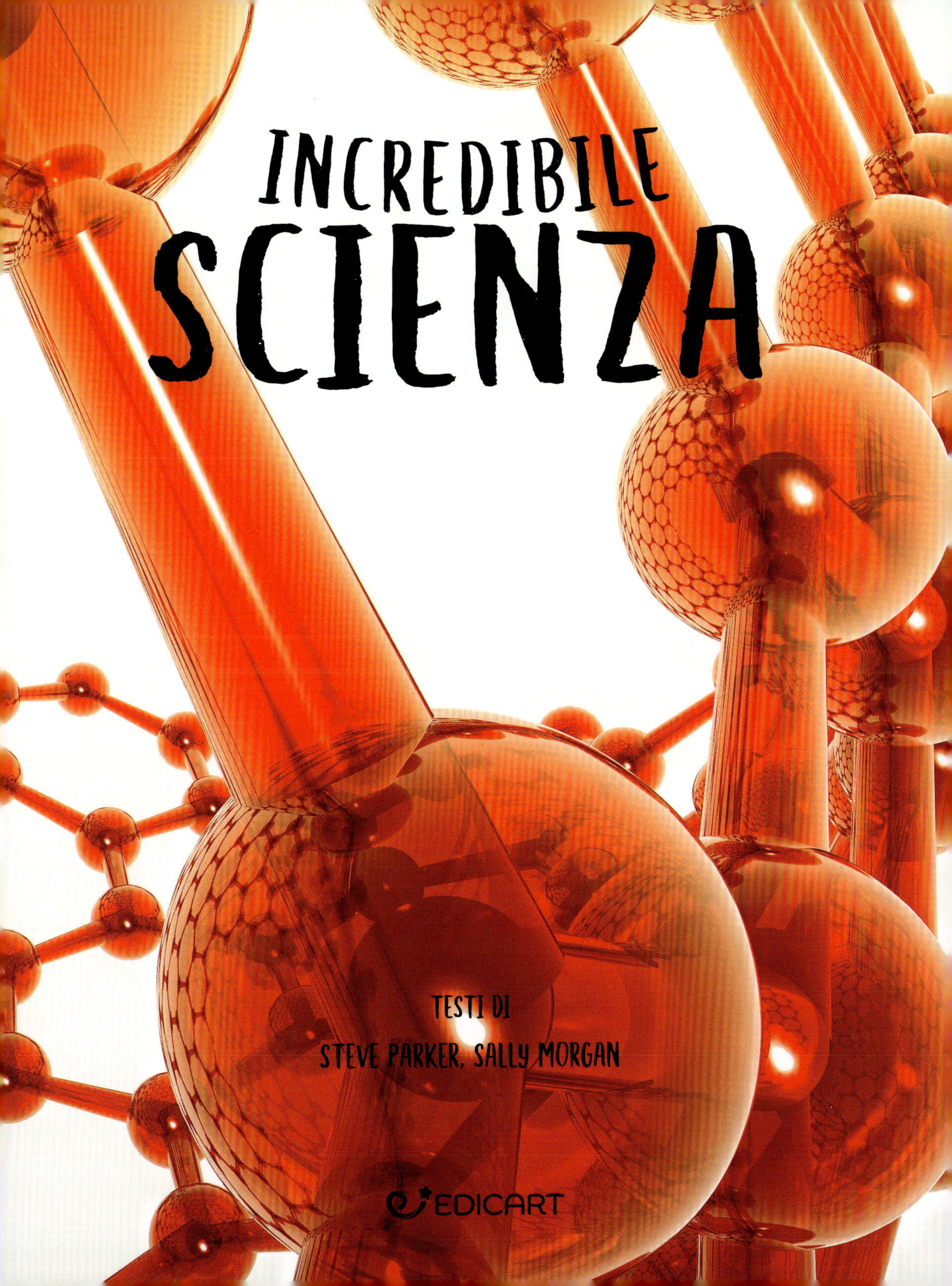

TESTI DI

STEVE PARKER, SALLY MORGAN

EDICART

EDICART è un marchio EDICART Style
Via Jucker, 28 - Legnano (MI) - Italia
Titolo originale: *Wild About - Science*
Traduzione dall'inglese di *Michela Guardigli*
 - Stampato in Turchia
www.edicart.it

Sommario

SCIENZA

1 Per spiegare tutti i motivi per cui abbiamo bisogno della scienza non basterebbero cento libri come questo. Tostapane, biciclette, cellulari, computer, automobili, lampadine: tutti i dispositivi e le macchine che usiamo ogni giorno sono il risultato di scoperte scientifiche. Case, grattacieli, ponti e razzi esistono grazie alla scienza. Anche la nostra conoscenza della medicina, della natura, della luce e del suono viene dalla scienza. Prevede il clima, studia la luminosità delle stelle, spiega perché le carote sono arancioni…

▼ In una grande città, la scienza è ovunque intorno a te: tutto – dai grattacieli ai veicoli fino ai telefoni – si basa sulla scienza e sulla tecnologia.

Macchine grandi e piccole

2 Le macchine sono ovunque! Ci aiutano a fare le cose, o le rendono più facili. Ogni volta che sali su un dondolo, stai usando una macchina. Una leva è una barra rigida che si inclina su un punto chiamato perno o fulcro. Il fulcro del dondolo è al centro. Usando il dondolo come una leva, una persona può sollevarne un'altra più grande sedendosi più lontano dal fulcro.

▶ Su un dondolo, il fulcro è al centro. Altre leve hanno fulcri all'estremità.

▶ Girando, la vite si sposta con più forza di quanto servirebbe per ruotarla.

3 La vite è un'altra macchina scientifica semplice ma utile. È composta da una filettatura avvolta intorno a una barra o a un'asta. Trasforma un piccolo movimento di rotazione in un potente movimento di trazione o sollevamento. Le viti da legno tengono insieme mobili o scaffali. Un cric permette di sollevare un'auto.

4 Dove saremmo senza la ruota? Non molto lontano. La ruota è una macchina semplice, un disco circolare che gira intorno al suo centro su una barra, chiamata asse. Le ruote consentono di trasportare carichi pesanti facilmente. Camion e treni hanno ruote giganti, mentre sui rollerblade bastano ruote piccole.

▼ Le ruote riducono l'attrito, permettendo di trasportare più facilmente i carichi pesanti.

▼ Due pulegge unite dimezzano la forza necessaria per sollevare una trave pesante.

▲ Le marce della bicicletta ti permettono di pedalare alla stessa velocità, con la stessa forza, quando sali o scendi da una salita.

5 Una puleggia gira come una ruota. Ha una scanalatura intorno al bordo per ospitare un cavo o una corda. Più pulegge consentono di sollevare facilmente carichi molto pesanti. Le pulegge di una gru possono sollevare enormi travi d'acciaio in cima a un grattacielo.

▲ Gli ingranaggi cambiano il senso di rotazione di una forza. Possono rallentarla o accelerarla e persino convertirla in una forza di scorrimento (cremagliera e pignone).

NON CI CREDO!

Una rampa è una macchina semplice, detta piano inclinato. È più facile camminare su una rampa che salirci con un salto.

6 Gli ingranaggi sono come ruote, con denti appuntiti ai bordi. Trasformano una forza di rotazione veloce e debole in una lenta e potente... e viceversa. Su una bicicletta, puoi pedalare su per la collina più ripida con la marcia più bassa e scendere dall'altro lato con quella più alta.

Scienza bollente!

7 Fuoco! Fiamme! Combustione! Calore! La scienza del calore è importante in tanti modi. Il calore non serve solo per cucinare, ma anche per riscaldare le nostre case e l'acqua. La combustione avviene in tutti i tipi di motori, automobili, camion, razzi. È usata nell'industria dell'acciaio fino alla modellazione della plastica.

▲ Un fuoco d'artificio brucia improvvisamente come un esplosivo, producendo calore, luci e suoni. Il "bang" è il suono prodotto dall'esplosione dell'involucro di carta.

Il calore della bevanda passa attraverso il cucchiaio di metallo.

◀ Il metallo è un buon conduttore termico. Metti un cucchiaino in una bevanda calda e sentirai quanto velocemente si riscalda.

8 Il calore può spostarsi per conduzione. Un oggetto caldo trasmetterà, o trasferirà, parte del suo calore a uno più freddo. Immergi un cucchiaio di metallo in una bevanda calda e il manico si riscalderà. Il calore è trasportato dalla bevanda attraverso il metallo.

9 Il calore si sposta per mezzo di invisibili "raggi termici". Questo fenomeno si chiama radiazione termica e i raggi sono onde infrarosse. Il nostro pianeta è riscaldato dal Sole perché il calore del Sole si irradia nello spazio sotto forma di onde infrarosse.

VERO O FALSO?

1. La combustione avviene all'interno del motore di un aereo.
2. Il calendario è un dispositivo per misurare il calore.
3. I raggi termici sono chiamati onde infrazzurre.

Risposte
1. Vero 2. Falso 3. Falso

10 La combustione rappresenta un processo chimico.

La combustione rappresenta un processo chimico. L'ossigeno nell'aria si unisce o si combina con la sostanza che viene bruciata. Questa trasformazione chimica emette molto calore, e di solito anche luce. Quando questo processo è molto veloce, abbiamo un'esplosione.

▲ La fiamma di un bruciatore rende il vetro così caldo da diventare morbido e flessibile, in modo che possa essere allungato, modellato e persino gonfiato come un palloncino.

11 La temperatura è una misura di quanto è caldo o freddo un corpo.

La temperatura è una misura di quanto è caldo o freddo un corpo. Di solito si misura in gradi Celsius (°C) o Fahrenheit (°F). L'acqua congela a 0 °C e bolle a 100 °C. Per misurare la temperatura corporea usiamo dei termometri. La tua temperatura corporea è di circa 37 °C.

▶ Questo termometro contiene alcol trattato con un colorante rosso. Quando si scalda, l'alcol si espande (occupa più spazio). Si muove su per il tubicino, mostrando la temperatura sulla scala.

12 Il calore si muove attraverso i liquidi e i gas per convezione.

Il calore si muove attraverso i liquidi e i gas per convezione. Una parte del liquido o del gas assorbe il calore, diventa più leggero e sale in zone più fredde. Poi un altro liquido o gas più freddo fa altrettanto e il processo si ripete. L'aria calda "ondulata" che sale da una fiamma ne è un esempio.

▶ L'aria calda che luccica sopra una candela è un segno visibile del calore che si disperde.

Potenza motrice

13 Immagina di doverti spostare a piedi o di corsa, invece di andare in macchina. I motori sono macchine che usano il carburante per lavorare al posto nostro e renderci la vita più facile. Il carburante è una sostanza contenente energia chimica che viene emessa sotto forma di calore quando il carburante viene bruciato o iniettato nel motore.

▼ In un motore a reazione, palette angolate chiamate turbine girano su alberi.

14 La maggior parte delle auto monta motori a benzina. Una miscela di aria e benzina viene spinta in una camera cava chiamata cilindro. Una scintilla da una candela la fa esplodere, spingendo un pistone verso il basso all'interno del cilindro. Questo movimento è utilizzato dagli ingranaggi per far girare le ruote. Le automobili hanno 4 o 6 cilindri.

15 Un motore diesel non sfrutta le scintille. La miscela di aria e gasolio viene schiacciata nel cilindro, fino a diventare così calda da esplodere. I motori diesel sono utilizzati in veicoli, come i trattori, che hanno bisogno di molta potenza.

▼ Questa immagine mostra il ciclo a quattro tempi di un motore a benzina.

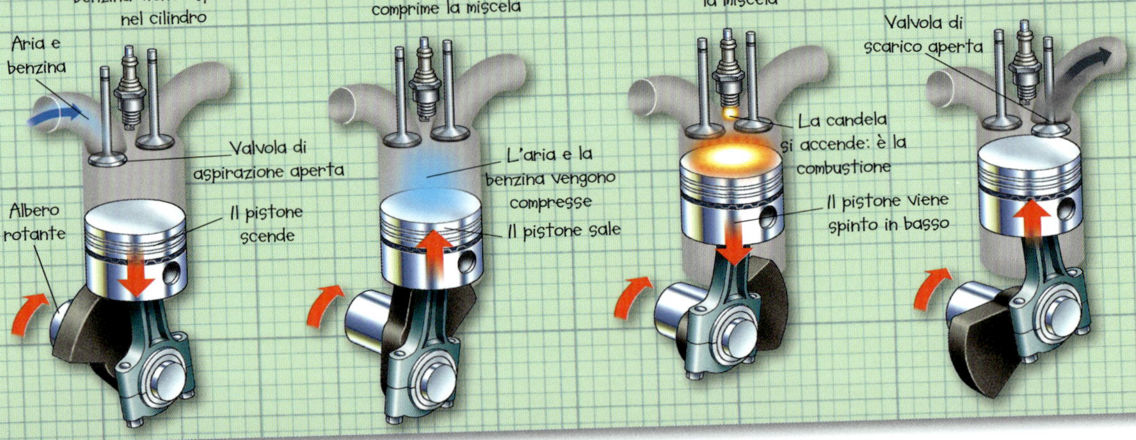

▲ Su un jet a piena potenza, i gas di scarico dei motori brillano quasi di bianco.

16 **Un motore a reazione mescola aria e cherosene e dà loro fuoco con un'esplosione lunga, continua e rumorosa.** Gas incredibilmente caldi fuoriescono dal retro del motore. Questi spingono il motore in avanti, insieme all'aereo.

17 **Un motore elettrico fa passare l'elettricità attraverso delle bobine.** Ciò le rende magnetiche: in questo modo attraggono o respingono i magneti che le circondano. L'alternanza tra questi movimenti fa girare le bobine sul loro albero (asse).

▼ Sfruttando le forze magnetiche, un motore elettrico trasforma l'energia elettrica in energia cinetica.

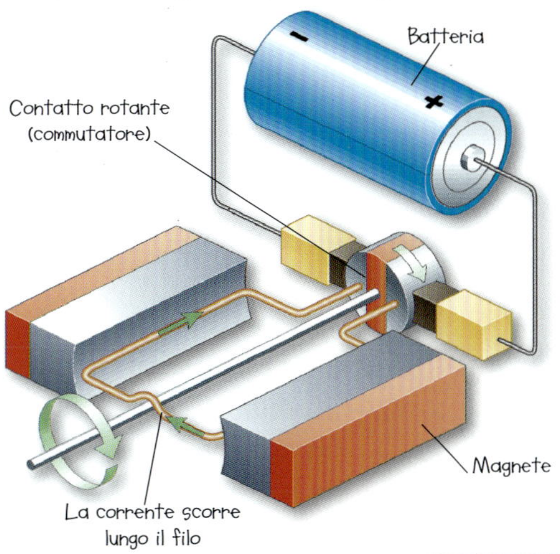

18 **I motori che bruciano carburante emettono gas e particelle attraverso i loro scarichi.** Alcuni di questi gas sono dannosi per l'ambiente. Meno usiamo i motori, meglio è. I motori elettrici sono silenziosi, efficienti e affidabili, ma c'è comunque bisogno di carburante per produrre elettricità.

▲ Le auto elettriche usano delle batterie per far girare il motore. Le batterie si "riempiono" di energia elettrica collegandosi a un punto di ricarica.

QUIZ

1. I gas di scarico fanno bene all'ambiente?
2. Un motore diesel usa le scintille?
3. Quanti cilindri ha la maggior parte delle auto?
4. Le auto elettriche hanno batterie?

Risposte
1. No, alcuni sono dannosi 2. No
3. Quattro o sei 4. Sì

Scienza in movimento

19 **Senza la scienza, bisognerebbe** spostarsi a piedi o a cavallo. Per fortuna, gli scienziati e gli ingegneri hanno sviluppato molti mezzi di trasporto, tra cui l'automobile. Molte persone possono viaggiare insieme a bordo di un autobus, un treno, un aereo o una nave. Questi mezzi consumano meno energia e risorse, e inquinano meno delle automobili.

▼ Gli aeroporti moderni sono enormi. Possono estendersi per diversi chilometri, con un flusso costante di aerei che decollano e atterrano. Per assicurarsi che tutto si svolga senza intoppi e in tempo sono necessarie centinaia di persone.

20 **La scienza è usata anche** contro il crimine con strumenti come il metal detector, che rileva oggetti metallici come le pistole, lo scanner, che "vede" nelle valigie o anche uno speciale rilevatore che individua l'odore di esplosivi o sostanze stupefacenti.

QUIZ

1. Come comunicano i controllori di volo con i piloti?
2. Cosa indica un segnale ferroviario rosso?
3. Cosa alimenta i supporti che muovono i manicotti di imbarco?

Risposte
1. Via radio 2. Lo stop
3. Motori elettrici

21 **I manicotti di imbarco sono passerelle che si estendono dal terminal passeggeri fino ai portelloni degli aerei.** I loro supporti si muovono su carrelli a ruote azionati da motori elettrici.

22 **Ogni mezzo di trasporto deve essere** sicuro e puntuale. Nella torre di controllo dell'aeroporto, i controllori di volo seguono gli aerei sugli schermi radar. Comunicano con i piloti via radio. I radiofari inviano segnali radio, fornendo la direzione e la distanza dall'aeroporto.

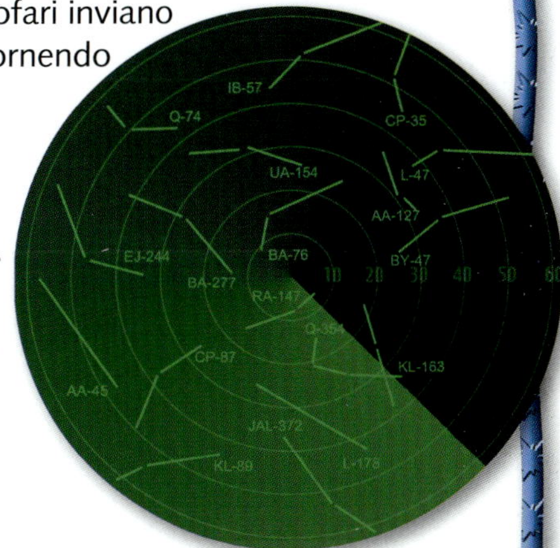

▶ Lo schermo radar mostra ogni aereo come un puntino, associato al numero di volo o al codice identificativo.

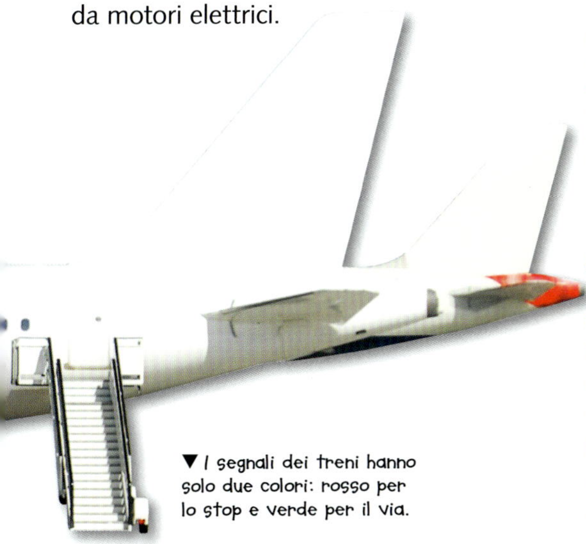

23 **In strada, gli automobilisti rispettano i semafori.** Su una rete ferroviaria, i macchinisti si attengono a segnali luminosi con vari colori, come il rosso per lo stop. I sensori lungo i binari registrano ogni treno che passa e inviano le informazioni via cavo o via radio alla sala di controllo. La posizione di ogni treno è mostrata da una luce lampeggiante su una mappa a parete.

▼ I segnali dei treni hanno solo due colori: rosso per lo stop e verde per il via.

▶ Gli scambi e i rilevatori sui binari reagiscono al passaggio di un treno e cambiano automaticamente i segnali, in modo che i treni non si avvicinino troppo l'uno all'altro.

Scienza rumorosa

24 Ascoltare la radio o la televisione, suonare, gridare: tutte queste azioni dipendono dalla scienza dei suoni, l'acustica. I suoni sono trasportati da onde invisibili nell'aria. Le onde sono zone di bassa pressione, con particelle d'aria più rade, alternate a zone di alta pressione, con particelle più ravvicinate.

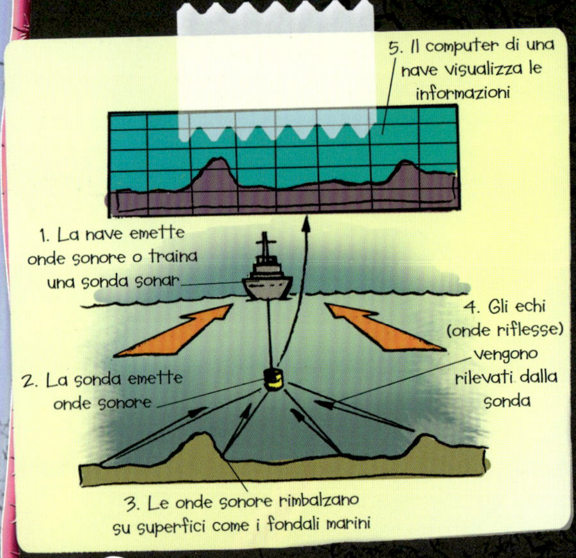

◀ In un sonar, le onde sonore nell'acqua rimbalzano o si riflettono sugli oggetti, quindi vengono rilevate.

25 Gli scienziati misurano il volume o l'intensità del suono in decibel, **dB.** Un suono quasi impercettibile, come il ticchettio di un orologio, è pari a 10 dB. Una conversazione raggiunge i 50-60 dB. La musica ad alto volume 90 dB. Un jet che decolla raggiunge i 120 dB. Rumori eccessivi danneggiano l'udito.

26 La frequenza misura quanto un suono sia alto o basso. Tale valore è espresso in Hertz, Hz. Un uccello che canta o una moto che sfreccia ha un tono alto. Il rombo di un tuono o di un camion ha un tono basso. Le persone possono avvertire frequenze comprese tra 25 e 20.000 Hz.

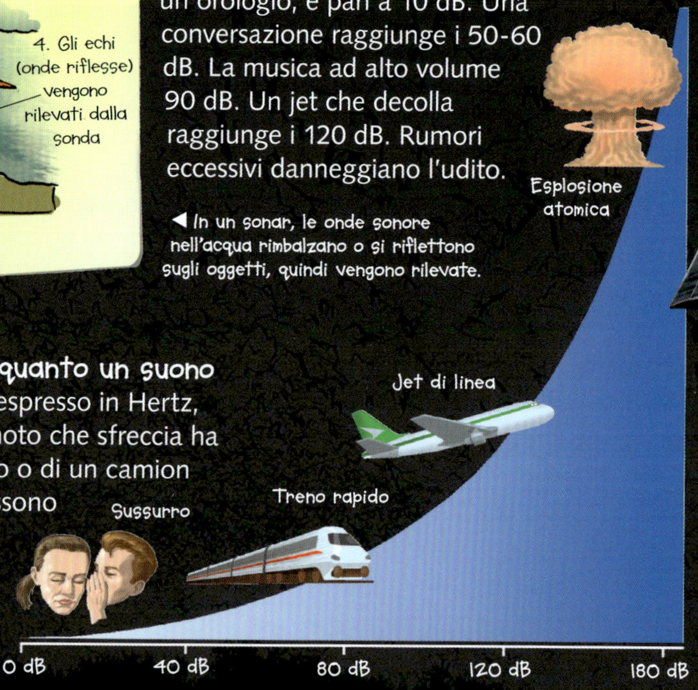

▶ La scala decibel misura l'intensità, o energia, di un suono.

27 Le onde sonore si propagano da un oggetto vibrante che si muove rapidamente avanti e indietro. Stendi un elastico tra le dita e pizzicalo. Mentre vibra, emette un suono. Quando parli, le tue corde vocali vibrano. Puoi sentirle appoggiando una mano sul collo.

28 Le onde sonore viaggiano a circa 330 metri al secondo. Sono veloci, ma un milione di volte più lente delle onde della luce. Le onde sonore rimbalzano anche su superfici dure e piatte. Questo fenomeno si chiama riflessione. Le onde di ritorno si sentono sotto forma di eco.

▲ I pipistrelli emettono suoni acuti. Se i suoni colpiscono un insetto, rimbalzano fino alle orecchie del pipistrello. Il suono riflesso (eco) dà al pipistrello informazioni sulla dimensione e la posizione dell'insetto.

29 Gli altoparlanti trasformano i segnali elettrici in suoni. I segnali nel filo passano attraverso una bobina all'interno dell'altoparlante. In questo modo la bobina si trasforma in un magnete, che respinge e attira un altro magnete. Attrazione e repulsione fanno vibrare il cono, inviando onde sonore nell'aria.

◀ La parola "sonico" è un sinonimo di "sonoro", e i rumori acuti dei pipistrelli, troppo alti per noi, possono essere descritti come "ultrasuoni".

CHITARRA A SCATOLA

Cosa ti serve

scatola da scarpe • elastici
copiglie • cartone

Realizza un foro di circa 10 cm su un lato di una scatola da scarpe vuota. Infila le copiglie su entrambi i lati del foro, quindi tendi un elastico tra di loro. Pizzica l'elastico. Senti come vibrano l'aria e la scatola. Copri il foro con del cartone. La "chitarra" fa lo stesso suono?

Come funziona la luce

30 **Quasi tutto quello che fai dipende dalla luce e dalla scienza che la studia, l'ottica.** La luce è una forma di energia non visibile. Le onde luminose sono fatte di elettricità e magnetismo e sono minuscole. Circa 2.000 onde luminose, allungate da un capo all'altro, occupano lo spazio di un punto su questa pagina.

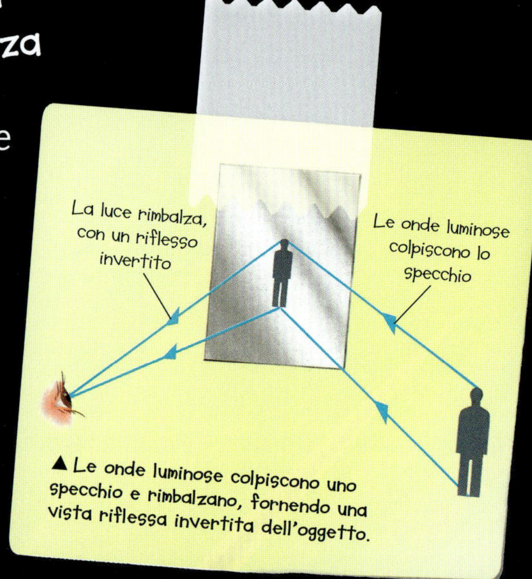

▲ Le onde luminose colpiscono uno specchio e rimbalzano, fornendo una vista riflessa invertita dell'oggetto.

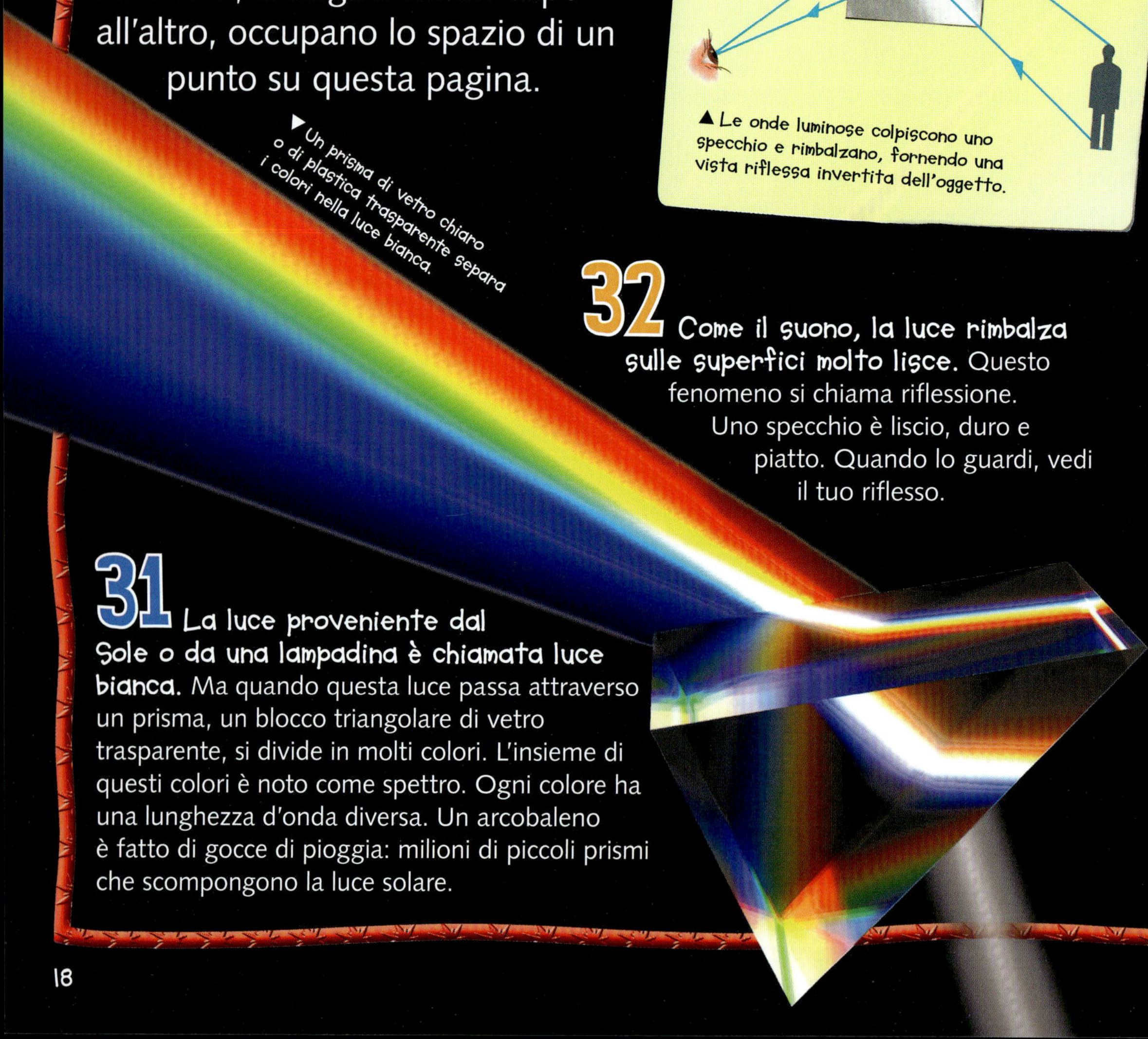

▶ Un prisma di vetro chiaro o di plastica trasparente separa i colori nella luce bianca.

32 **Come il suono, la luce rimbalza sulle superfici molto lisce.** Questo fenomeno si chiama riflessione. Uno specchio è liscio, duro e piatto. Quando lo guardi, vedi il tuo riflesso.

31 **La luce proveniente dal Sole o da una lampadina è chiamata luce bianca.** Ma quando questa luce passa attraverso un prisma, un blocco triangolare di vetro trasparente, si divide in molti colori. L'insieme di questi colori è noto come spettro. Ogni colore ha una lunghezza d'onda diversa. Un arcobaleno è fatto di gocce di pioggia: milioni di piccoli prismi che scompongono la luce solare.

33 **La luce passa attraverso determinati** materiali, come il vetro trasparente e la plastica. I materiali che lasciano passare la luce, fornendo una visione chiara, sono detti trasparenti. Quelli che non lasciano passare la luce, come il legno e il metallo, sono opachi.

NON CI CREDO!

La luce, quanto di più veloce esista nell'Universo, viaggia attraverso lo spazio a 300.000 km al secondo: vuol dire 7 volte il giro del mondo in meno di un secondo!

34 **Gli specchi e le lenti sono parti importanti di molti strumenti ottici.** Si trovano in macchine fotografiche, binocoli, microscopi, telescopi e laser. Senza di loro, non avremmo fotografie ravvicinate di minuscoli microchip o di insetti o di pianeti giganti, anzi, non avremmo proprio nessuna foto.

▼ Una lente concava, sottile nel mezzo, fa sembrare le cose più piccole.

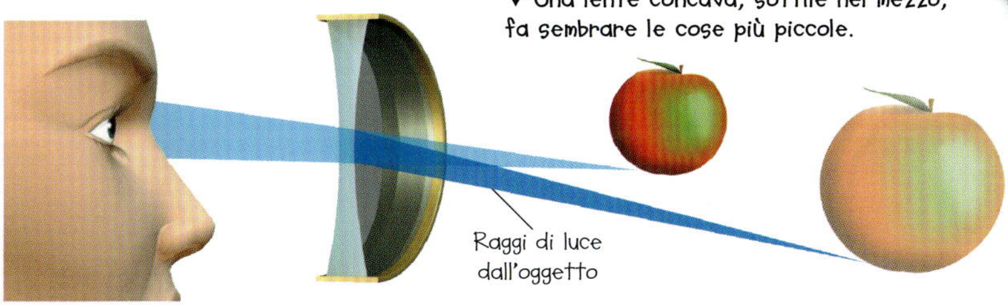

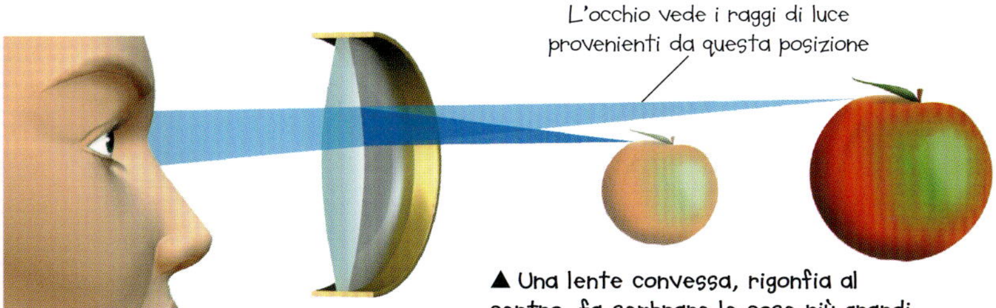

▲ Una lente convessa, rigonfia al centro, fa sembrare le cose più grandi.

35 **La luce di solito passando** attraverso il vetro. Si piega nel punto in cui entra nel vetro, stessa cosa quando esce. Questo fenomeno si chiama rifrazione. Una lente è un pezzo curvo di vetro o di plastica che piega la luce per far sembrare le cose più grandi, più piccole o più chiare. Le lenti per occhiali e le lenti a contatto piegano la luce per aiutare le persone a vedere meglio.

▲ Il vetro e l'acqua piegano, o rifrangono, le onde luminose. Ciò fa sembrare una cannuccia piegata nel punto in cui è dentro il bicchiere e nell'acqua.

La potenza dei laser

36 **La luce laser è un tipo speciale di luce.** Come la luce normale, è fatta di onde, ma ha tre differenze principali. La normale luce bianca è una miscela di colori, mentre la luce laser è un colore puro. Le normali onde luminose hanno picchi (alti) e depressioni (bassi), che non si allineano, mentre le onde luminose del laser si allineano perfettamente. Infine, la luce normale si diffonde e svanisce. Un raggio laser può viaggiare per migliaia di chilometri senza deviazioni.

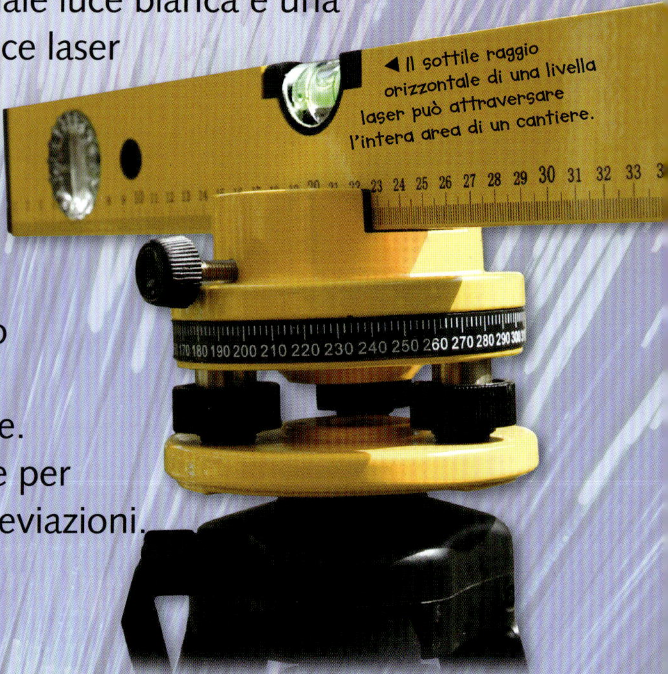

◄ Il sottile raggio orizzontale di una livella laser può attraversare l'intera area di un cantiere.

▼ Onde di luce si accumulano e rimbalzano avanti e indietro all'interno di un laser, poi emergono da un'estremità.

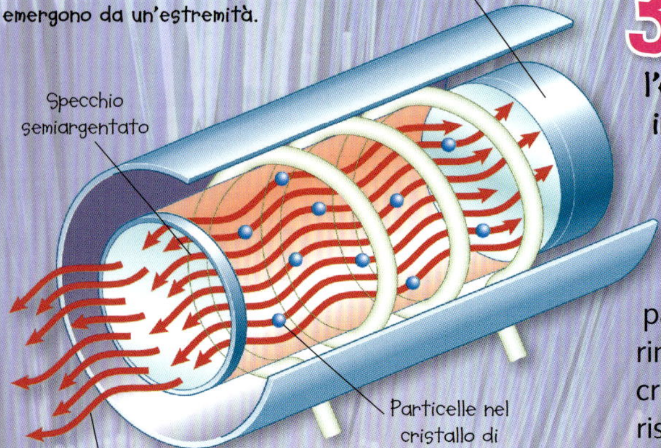

37 **Per creare un raggio laser, l'energia viene immessa a brevi raffiche in una sostanza chiamata mezzo attivo.** L'energia potrebbe essere elettricità, calore o luce ordinaria. In un laser a rubino, il mezzo attivo è una barra di cristallo di rubino. Una lampada potente fa vibrare le particelle del cristallo. L'energia che emettono rimbalza avanti e indietro all'interno del cristallo. Alla fine, i raggi vibrano tra loro e risultano tutti della stessa lunghezza. L'energia diventa così forte che irrompe attraverso uno specchio a un'estremità del cristallo.

▲ In uno spettacolo luminoso all'aperto, diversi raggi laser colorati danzano e attraversano l'oscurità, apparentemente fino allo spazio.

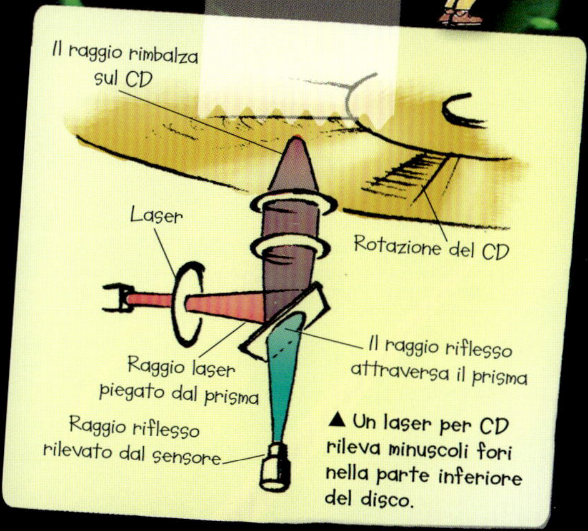

▲ Un laser per CD rileva minuscoli fori nella parte inferiore del disco.

38 **I laser sono stati inventati nel 1960.** Sono usati per riprodurre CD e DVD per musica e film, oltre che in alcuni computer. Servono a tagliare il metallo spesso nelle fabbriche e a eseguire delicate operazioni agli occhi. Trasportano telefonate e programmi TV lungo i cavi. Misurano anche i movimenti della Terra per segnalare l'attività di vulcani o terremoti.

QUIZ

1. Quanto a lungo possono estendersi i raggi laser?
2. Quando sono stati inventati i laser?
3. Quali macchine di tutti i giorni usano i laser?

Risposte
1. Migliaia di km
2. 1960 3. Lettori di CD/DVD, computer

◀ Un laser industriale ha il potere di fondere il metallo in gas ed effettuare un taglio pulito.

Magneti misteriosi

39 Senza magneti non ci sarebbero motori elettrici, computer o altoparlanti. Il magnetismo è una forza che ha a che fare con gli atomi, le particelle di cui è composta tutta la materia. Questi sono composti da particelle ancora più piccole, tra cui gli elettroni. Il magnetismo è legato al modo in cui si allineano e si muovono. La maggior parte delle sostanze magnetiche contiene ferro, che costituisce gran parte della sostanza metallica dell'acciaio rendendolo magnetico.

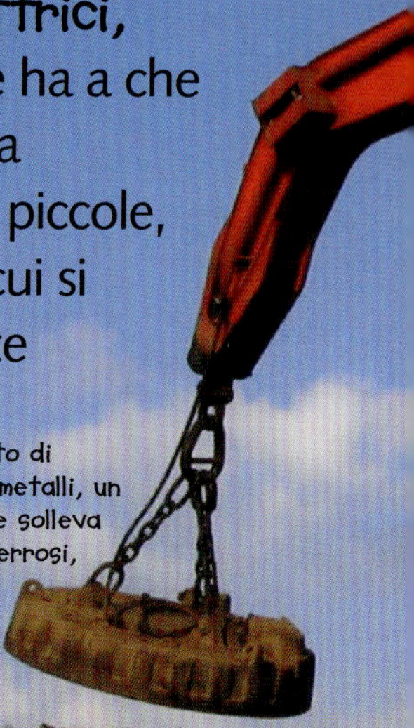

▶ In un impianto di riciclaggio dei metalli, un elettromagnete solleva solo i metalli ferrosi, come l'acciaio.

40 Un magnete è un pezzo di ferro o di acciaio che presenta tutti gli elettroni e gli atomi allineati. Questo significa che le loro forze magnetiche si sommano. La forza circonda il magnete, in un'area chiamata campo magnetico. Risulta più forte nelle due parti del magnete chiamate poli.

▲ I treni Maglev (a levitazione magnetica) usano forze magnetiche di spinta o di repulsione per "fluttuare" sopra i binari.

41 Un magnete ha due poli distinti: positivo e negativo. Un polo positivo respinge il polo positivo di un altro magnete. Anche due poli negativi si respingono a vicenda. Al contrario, un polo positivo e uno negativo si attraggono. Entrambi i poli magnetici attraggono qualsiasi sostanza contenente ferro, come un chiodo o una vite.

42 Quando l'elettricità scorre attraverso un filo, crea un debole campo magnetico intorno a esso. Se il filo è avvolto in una bobina, il magnetismo aumenta e si ha un elettromagnete. La sua forza magnetica è la stessa di un normale magnete, ma quando l'elettricità si spegne, scompare anche il magnetismo. Alcuni elettromagneti sono così forti da sollevare un'automobile.

▼ Il campo intorno a un magnete influenza gli oggetti contenenti ferro.

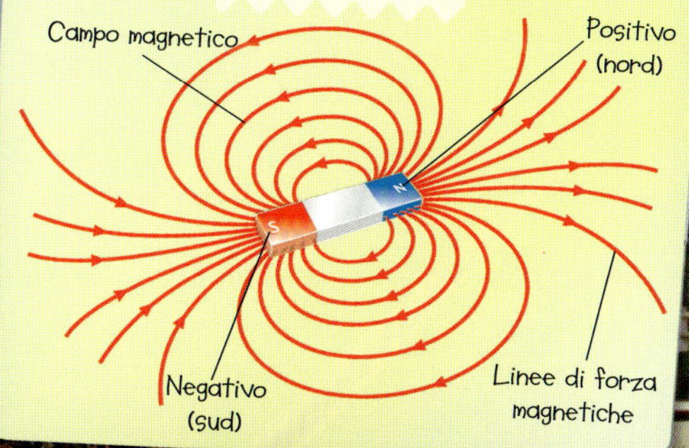

QUIZ

Quale di questi è magnetico?

1. Cucchiaio d'acciaio
2. Cucchiaio di plastica
3. Matita 4. Lattina
5. Scatoletta di cibo
6. Cacciavite
7. Foglio di alluminio

Risposte
1. Sì 2. No 3. No 4. No 5. Sì 6. Sì 7. No

Scintille elettriche!

43 Se premi un interruttore accadono alcune cose. La TV si spegne, il computer si accende, le luci si illuminano e la musica si diffonde. L'elettricità è la nostra forma preferita di energia. La incanaliamo lungo i fili e vi colleghiamo centinaia di apparecchi.

▼ Quando fluisce una corrente elettrica, gli elettroni (le palline blu) si muovono tutti allo stesso modo, saltando da un atomo all'altro. (Le palline rosse rappresentano i centri o nuclei degli atomi.)

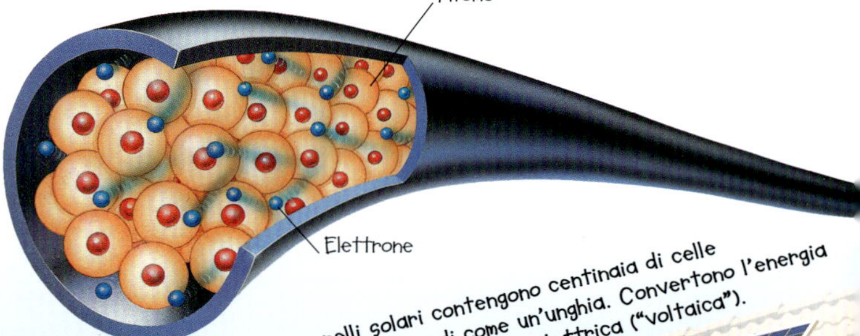

44 L'elettricità dipende dagli elettroni. che in certe sostanze, quando vengono "spinti", saltano da un atomo all'altro. Se lo fanno in miliardi a ogni secondo, l'elettricità si diffonde. La "spinta" viene da una batteria o da un generatore. L'elettricità scorre solo in un circuito chiuso. Se interrotto, il flusso si ferma.

▼ I pannelli solari contengono centinaia di celle fotovoltaiche grandi come un'unghia. Convertono l'energia luminosa ("foto") in energia elettrica ("voltaica").

▼ All'interno dell'involucro metallico di una batteria c'è una pasta chimica.

45 Una batteria produce elettricità da sostanze chimiche. Due sostanze chimiche vicine, come un acido e un metallo, si scambiano elettroni e mettono in moto il flusso. La forza di spinta dell'elettricità si misura in volt. La maggior parte delle batterie sono a circa 1,5, 3, 6 o 9 volt. Quelle delle auto sono a 12 volt.

46 L'elettricità scorre facilmente attraverso alcune sostanze, tra cui l'acqua e i metalli. Tali materiali sono conduttori elettrici. Le sostanze isolanti, non permettono all'elettricità di fluire. Queste includono legno, plastica, cartone, ceramica e vetro. I fili metallici e i cavi sono rivestimenti in plastica per evitare che l'elettricità si disperda.

47 L'elettricità proveniente delle centrali è trasportata su alti tralicci o tramite cavi interrati. L'intera struttura è detta rete di distribuzione. A migliaia di volt, questa elettricità è estremamente pericolosa. Per l'uso in casa, in Italia viene trasformata a 230 volt.

▼ I generatori di elettricità sono alloggiati in enormi involucri, alcuni più grandi di un camion.

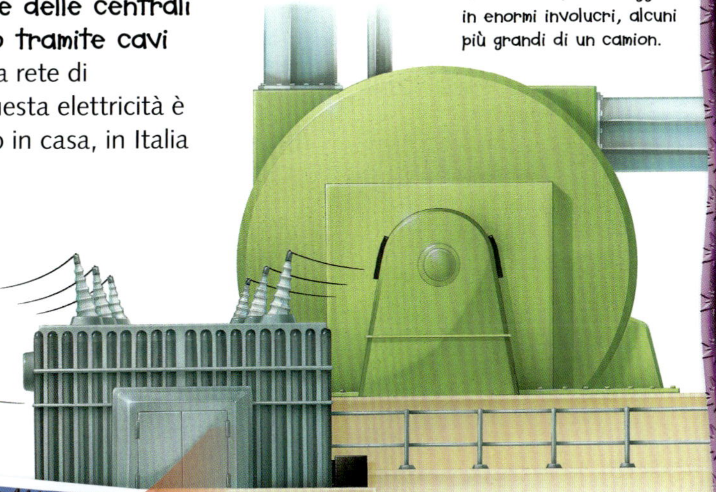

◀ Per controllare e riparare i cavi ad alta tensione, l'elettricità deve essere interrotta con largo anticipo.

48 L'elettricità della rete è prodotta in una centrale elettrica. Per riscaldare l'acqua e ottenere vapore ad alta pressione viene bruciato un combustibile come il carbone o il petrolio. Il vapore spinge le pale di una turbina, che ruotano.
Le turbine fanno girare i generatori, dotati di bobine a filo poste vicino a potenti magneti, e il movimento di rotazione fa scorrere l'elettricità nelle bobine.

CREARE UN CIRCUITO

Cosa ti serve

lampadina • batteria • filo • righello di plastica • cucchiaio di metallo • cartone

Unisci una lampadina a una batteria con i fili come mostrato. L'elettricità scorre nel circuito e accende la lampadina. Apri il circuito e inserisci vari oggetti, per vedere se l'elettricità fluisce. Prova con un righello di plastica, un cucchiaio di metallo e del cartone.

Creare suoni e immagini

49 L'aria è piena di onde che non possiamo né vedere né sentire, se non con la macchina giusta. Le onde radio sono una forma di energia elettrica e magnetica, proprio come le onde di calore e di luce, le microonde e i raggi X. Sono chiamate onde elettromagnetiche e viaggiano tutte alla velocità della luce.

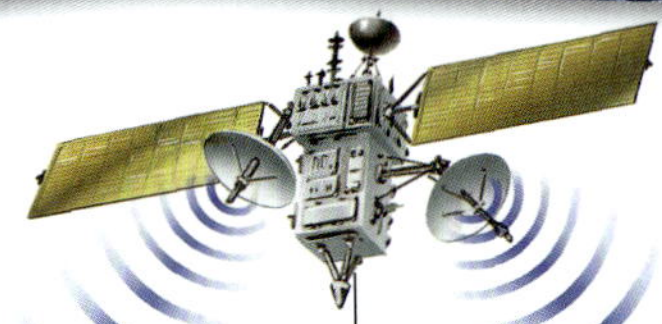

51 Le onde radio trasportano informazioni quando vengono alterate, o modulate, in un certo schema. L'altezza di un'onda è chiamata ampiezza. Se questa viene alterata, il segnale è noto come AM (modulazione di ampiezza). Cerca AM sul display della radio.

50 Le onde radio sono utilizzate sia per la radio che per la TV. Percorrono grandi distanze. Le onde lunghe curvano intorno alla superficie terrestre. Le onde corte rimbalzano tra la Terra e il cielo.

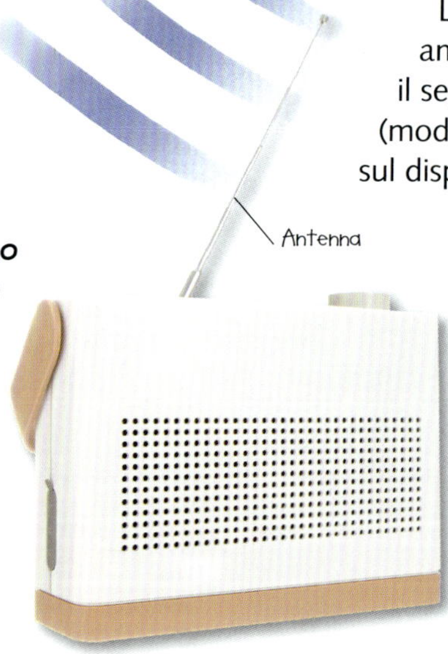

▲ Un apparecchio radio capta le onde radio tramite un'antenna.

52 Il numero di onde al secondo è chiamato frequenza. Se viene alterata, il segnale è noto come FM (modulazione di frequenza). Il segnale radio FM è più chiaro di quello AM e meno soggetto alle condizioni climatiche e ai temporali.

▼ Questa gamma di onde con diverse lunghezze è formata da energia elettrica e magnetica. Complessivamente è detta spettro elettromagnetico.

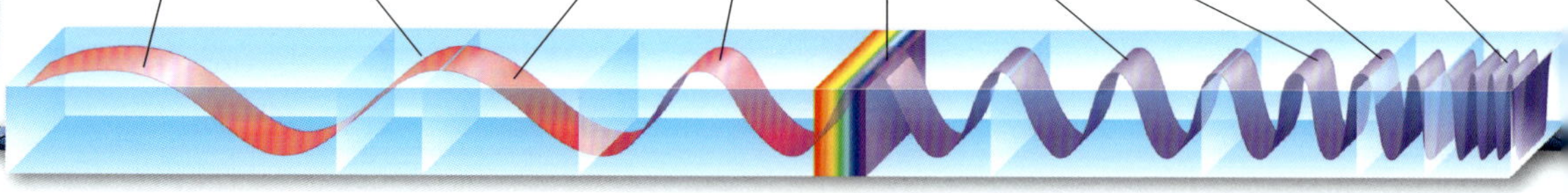

53 **Le onde radio vengono trasmesse da antenne** poste su alti pali o su satelliti, per raggiungere un'area molto ampia. Un ricevitore radio converte il modello di onde in suoni. Un ricevitore televisivo o un televisore li trasforma in immagini e suoni.

NON CI CREDO!

Si potrebbero inviare e ricevere segnali radio sulla Luna, ma non nel mare. Le onde radio viaggiano facilmente attraverso lo Spazio, ma percorrono solo pochi metri nell'acqua.

▼ Un ricevitore a forma di piatto raccoglie le onde radio per i canali TV.

54 **La radio digitale** utilizza raffiche incredibilmente brevi di onde radio intervallate – molte migliaia al secondo. Ogni raffica rappresenta la cifra 1, mentre uno spazio vuoto è 0. L'ordine degli 1 e degli 0 trasporta informazioni sotto forma di codice binario, come in un computer.

▶ Uno schermo al plasma ha migliaia di piccole scatole, o celle, di tre colori: rosso, verde e blu. Impulsi elettrici riscaldano il gas all'interno per una frazione di secondo in plasma, causando un'emissione di luce. Le combinazioni di questi colori danno origine a tutti gli altri.

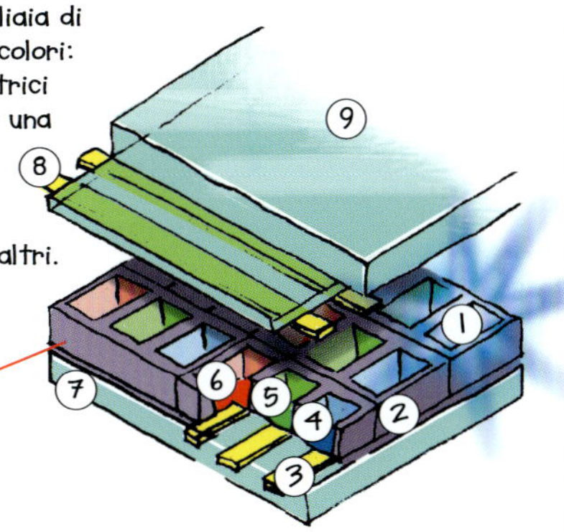

▼ I televisori a schermo piatto possono essere LCD o al plasma. Usano meno elettricità dei televisori a raggi catodici e producono un'immagine migliore.

LEGENDA

① Cella "accesa" incandescente
② Cella "spenta" scura
③ Griglia posteriore di contatti elettrici
④ - ⑥ Fosfori colorati dentro le celle
⑦ Piastra di supporto
⑧ Griglia frontale di contatti elettrici
⑨ Coperchio frontale trasparente

55 **I computer sono macchine straordinarie,** ma bisogna dire loro esattamente cosa fare. Per questo inseriamo istruzioni e informazioni, con vari mezzi, tra cui la digitazione su una tastiera, l'inserimento di un disco o di una memory stick, il download da Internet, l'uso di un joystick o di un controller di gioco, o mediante una fotocamera, uno scanner o un altro computer.

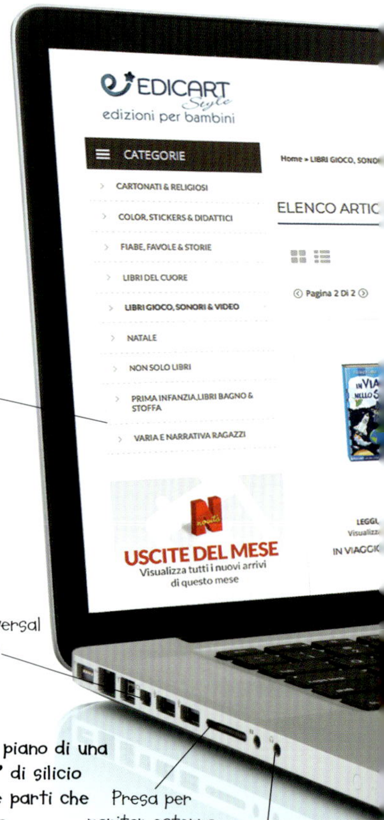

56 **La maggior parte dei computer è controllata da istruzioni** provenienti da una tastiera e un mouse. Quest'ultimo muove un puntatore a schermo e i suoi pulsanti selezionano le scelte da elenchi detti menu.

◄ Questo primo piano di una fetta di "wafer" di silicio mostra le piccole parti che ricevono e inviano informazioni in un computer.

57 **Alcuni computer si controllano con la voce.** Raccolgono i suoni con un microfono. È la cosiddetta tecnologia di riconoscimento vocale.

58 **Il "cervello principale" di un computer** è l'unità di elaborazione centrale (CPU). Di solito è un microchip, composto da milioni di parti elettroniche su un chip di silicio, appena più grande di un'unghia. Riceve informazioni e istruzioni da altri microchip, esegue il lavoro e invia i risultati.

▲ Lanciato nel 2010, l'Apple iPad ha dato vita a una nuova tipologia di dispositivi informatici chiamati "tablet".

QUIZ

Forse hai già sentito queste sigle. Sai cosa significano? Le trovi tutte in queste due pagine.

1. RAM 2. ROM
3. CPU

Risposte
1. Memoria ad accesso casuale
2. Memoria di sola lettura
3. Unità di elaborazione centrale

▼ I tasti di una tastiera hanno dei contatti metallici curvi che si uniscono quando vengono premuti, permettendo all'elettricità di fluire.

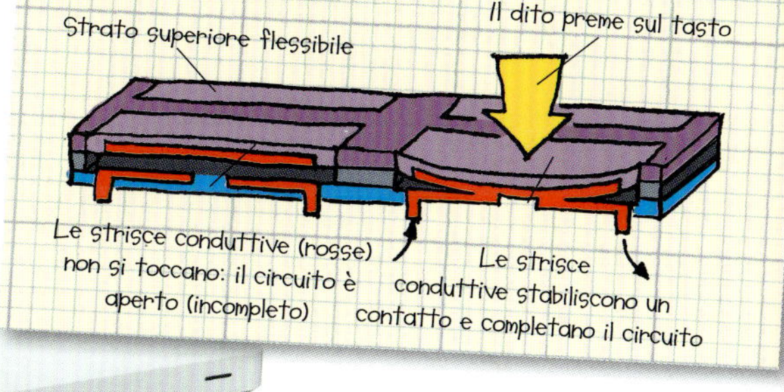

▲ Oltre ai computer desktop, ci sono anche computer portatili con uno schermo LCD (display a cristalli liquidi) pieghevole. Toccando il touch pad con un dito si controlla il cursore o il punto di inserimento a schermo.

59 **Le informazioni e le istruzioni** sono contenute nel computer in microchip di memoria di due tipi. La memoria ad accesso casuale (RAM) è come un notes. Cambia man mano che il computer esegue i suoi compiti. La memoria di sola lettura (ROM) è come un manuale di istruzioni. Di solito contiene le indicazioni su come avviare il computer e come far funzionare tutti i microchip insieme.

60 **Un computer di solito mostra i suoi progressi sullo schermo di un monitor.** Fornisce informazioni a dispositivi di uscita come stampanti, altoparlanti e bracci robotici. Le informazioni possono essere memorizzate su CD, DVD, memory stick (chip), HD esterni (dischi rigidi) o caricate su Internet.

Una rete mondiale

61 Su Internet hai il mondo a portata di mano. Internet è uno dei risultati più sorprendenti della scienza. È una rete mondiale di computer, collegati come un'enorme ragnatela elettrica.

62 I segnali viaggiano tra i computer in molti modi, tra cui l'elettricità lungo i fili del telefono, i lampi di luce laser lungo i cavi a fibre ottiche o le onde radio tra alte torri. Le informazioni passano da una forma all'altra in una frazione di secondo. Possono anche viaggiare tra computer in diverse parti del mondo in meno di un secondo tramite i collegamenti satellitari.

1961 Prime idee per lo "scambio di pacchetti", il sistema con cui Internet suddivide e invia informazioni in piccoli blocchi o pacchetti

1969 Primo Internet "privato", ARPANET, per le forze armate degli Stati Uniti

1972 Prime e-mail, per lo più su ARPANET

1984 La Joint Academic Network (JANET) collega le università del Regno Unito attraverso il proprio Internet

1989 Nascita di Internet per come lo conosciamo oggi, quando Tim Berners-Lee e il team del CERN inventano il World Wide Web per semplificare la pubblicazione e l'accesso alle informazioni

1994 Yahoo! viene lanciato come "Guida al World Wide Web". Ora lo chiamiamo browser o motore di ricerca

1995 eBay e Amazon iniziano a vendere libri e il commercio online comincia a crescere

1996 L'animazione comincia a diventare comune sui siti web

63 Il World Wide Web rappresenta una fonte pubblica di informazioni che chiunque può trovare su Internet, disponibile per tutti. Tuttavia, a volte è necessario pagare o iscriversi a un gruppo per accedere ad alcune parti. Un sito web è una raccolta di informazioni correlate, di solito composta da testo, video e immagini. Ogni sito può contenere centinaia di pagine web. L'e-mail è un sistema per inviare messaggi privati da una persona all'altra.

NON CI CREDO!

Il World Wide Web è la parte più conosciuta e più utilizzata del sistema Internet. Presenta miliardi di pagine di informazioni.

▼ Molti telefoni cellulari offrono l'accesso a Internet, permettendo agli utenti di navigare su pagine web, inviare e-mail, guardare video e utilizzare app come Instagram e WhatsApp

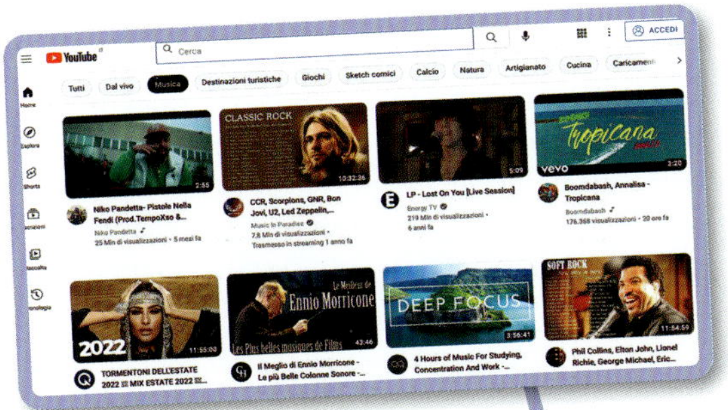

1998 Viene lanciato Google, come rivale di Yahoo!

2003 La metà delle famiglie nel Regno Unito è connessa a Internet

2004 Viene lanciato Facebook, che dà inizio al boom dei social network su Internet

2005 Viene lanciato YouTube, che permette la condivisione di video

2006 Viene lanciato Twitter per pubblicare e condividere messaggi di testo, ma ha un inizio lento

2007 I primi iPhone consentono l'uso di Internet mobile quasi a tutti

2010 I collegamenti video HD (alta definizione) su Internet diventano più pratici

Oggi Facebook ha sempre meno nuovi utenti: il rallentamento della crescita è temporaneo o è l'inizio della fine per il social network online?

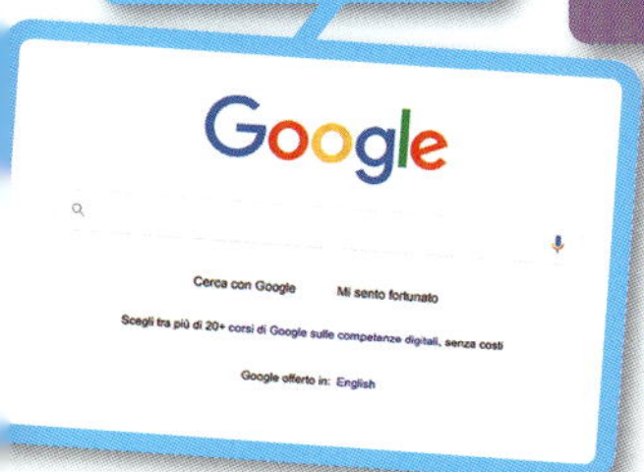

▲ Il Web e Internet interagiscono con altre tecnologie. Twitter è una versione pubblica online di messaggi di solo testo chiamati "tweet", un'evoluzione dei messaggi SMS (Short Message Service) sui telefoni cellulari.

Di cosa è fatto?

64 Non si può creare un ponte con la paglia o una tazza con il pluriball. Scegliere la sostanza giusta per un impiego è importante. Tutte le sostanze del mondo possono essere divise in diversi gruppi. Per esempio, i metalli come il ferro, l'argento e l'oro sono forti, duri e lucenti e conducono bene il calore e l'elettricità. Si usano per creare oggetti che devono essere forti e duraturi.

65 La plastica è composta principalmente dalle sostanze contenute nel petrolio (greggio). Ce ne sono di tanti tipi, alcune dure e fragili, altre morbide e flessibili. Di solito sono di lunga durata, non sono influenzate dal clima o dall'umidità e resistono al calore e all'elettricità.

LEGENDA

1. L'ala anteriore ha una forma speciale – questa produce una forza che spinge l'auto sulla pista
2. Il telaio dell'auto è fatto di fibra di carbonio, un materiale leggero ma molto resistente
3. Gli assi dell'auto sono fatti di titanio un metallo molto resistente e leggero
4. Il motore è fatto di varie leghe, o miscele di metalli, a base di alluminio. Produce fino a dieci volte la potenza del motore di un'auto comune
5. Ogni pneumatico è fatto di gomma spessa e resistente per resistere alle alte velocità
6. Anche l'ala posteriore è in fibra di carbonio composita

▼ Una macchina da corsa ha migliaia di parti, fatte di centinaia di materiali. Ognuna si adatta a determinate condizioni come le sollecitazioni, la temperatura e le vibrazioni.

66 **La ceramica è un materiale a base di argilla** o altre sostanze estratte dalla terra. Può essere modellata ed essiccata oppure cotta in un forno caldo. Ciò la rende dura e duratura, ma fragile e soggetta a crepe. La ceramica resiste molto bene al calore e all'elettricità.

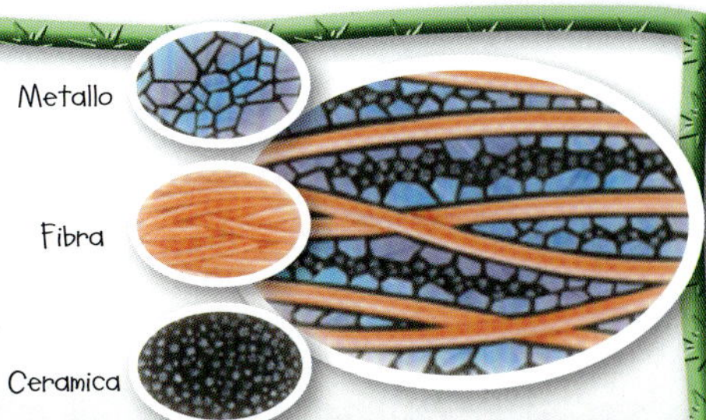

▲ Metallo, fibra e ceramica possono combinarsi per creare un materiale composito. Il modo in cui tutti questi ingredienti sono disposti può influenzare la resistenza del materiale composito.

◀ Nel 2007 è crollato il ponte della Interstate 35W a Minneapolis, negli Stati Uniti, uccidendo 13 persone. La causa è stata la rottura di piccole piastre di collegamento in acciaio, troppo sottili per il peso applicato.

67 **Il vetro si produce a partire da due materie prime: calcare e sabbia.** Se riscaldate ad alta temperatura, queste sostanze diventano un liquido trasparente e appiccicoso, che si indurisce quando si raffredda. Il grande vantaggio è che vi si può vedere attraverso.

68 **I compositi sono miscele o combinazioni di materiali diversi.** Per esempio, i fili di vetro rivestiti di plastica diventano vetroresina. Questo composito combina il meglio di entrambi i materiali.

CREA IL TUO COMPOSITO

Cosa ti serve

farina • strisce di giornale
palloncino d'acqua • spillo

Puoi creare della cartapesta con farina, fogli di giornale e acqua. Strappa il giornale in strisce. Mescola farina e acqua in una pasta. Immergi ogni striscia nella pasta e stendila intorno a un palloncino gonfiato. Copri il palloncino e lascia asciugare. Fai scoppiare il palloncino con uno spillo. La tua creazione manterrà la sua forma.

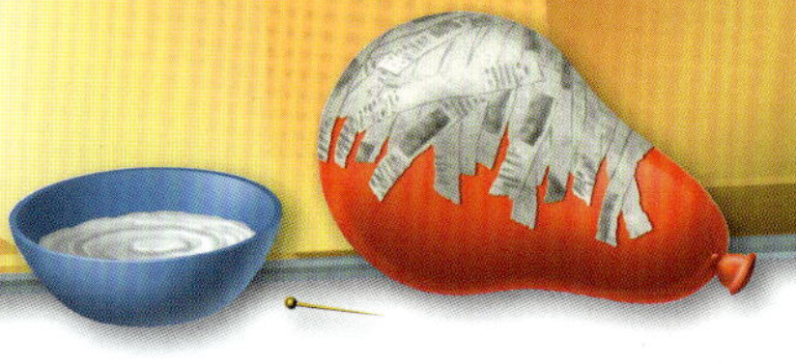

Le sostanze chimiche

69 Il mondo è composto da sostanze chimiche. Alcune sono completamente pure. Altre sono miscele di sostanze, come il petrolio (greggio). Il petrolio ci fornisce migliaia di prodotti chimici e materiali diversi, come la plastica, le vernici, i saponi e i carburanti. È una delle sostanze più utili e preziose al mondo.

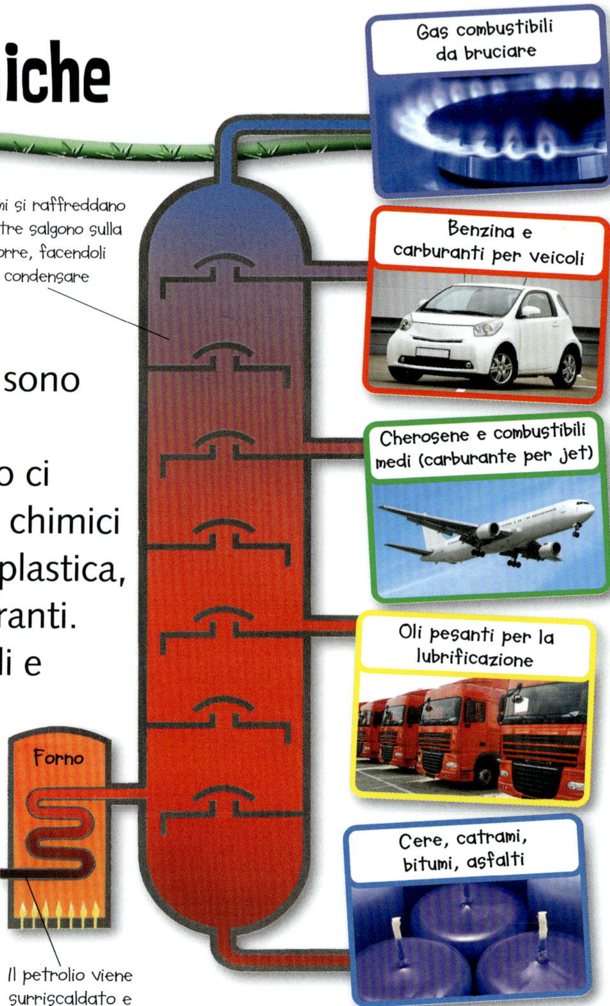

▲ L'enorme torre di frazionamento di una raffineria di petrolio può raggiungere 100 metri di altezza.

▼ Le più grandi piattaforme petrolifere offshore sono alte più di 150 metri sopra la superficie dell'oceano. Eseguono delle trivellazioni nel fondale marino e aspirano il petrolio.

70 In una raffineria, il petrolio viene riscaldato in un'enorme torre. Alcune delle sue sostanze si trasformano in fumi e risalgono all'interno del camino. I fumi si condensano (si ritrasformano in liquidi) a più altezze all'interno, a causa delle diverse temperature a ogni livello. Catrami densi e appiccicosi, asfalti e bitumi – usati per realizzare le strade – restano sul fondo.

71 **Gli acidi sono un gruppo di sostanze chimiche.** In termini di forza, vanno dall'acido citrico molto debole, che dà il gusto aspro a frutti come i limoni, all'acido solforico estremamente forte e pericoloso presente nelle batterie per auto. Acidi potenti bruciano e corrodono le sostanze. Alcuni corrodono anche il vetro o l'acciaio.

72 **Un altro gruppo di sostanze chimiche è chiamato basi.** In termini di forza, vanno da deboli alcaloidi, che danno il gusto amaro ai chicchi di caffè, a basi forti e pericolose presenti nei detergenti per lo scarico e nei lucidanti industriali. Le basi sono saponose o viscide e, come gli acidi, possono bruciare o corrodere.

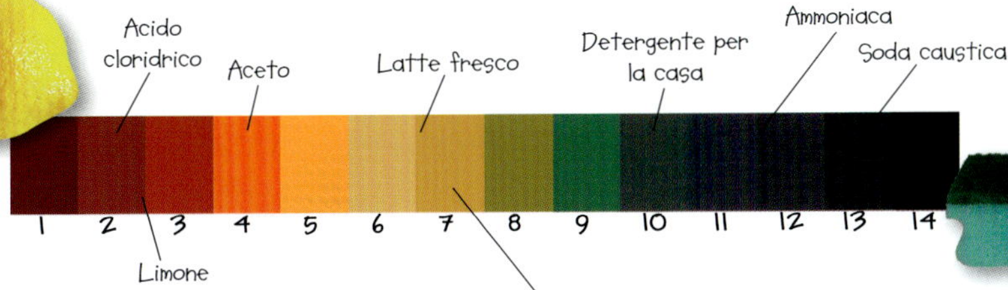

▲ Gli agrumi come arance, limoni e lime hanno un sapore aspro perché contengono un acido leggero, chiamato acido citrico. Ha un pH (potenziale di idrogeno) di 3. Il pH è la scala dell'acidità.

▲ I detergenti per la casa contengono spesso alcali per aiutarli a scomporre il grasso e l'unto. Alcuni detergenti hanno un pH di 10.

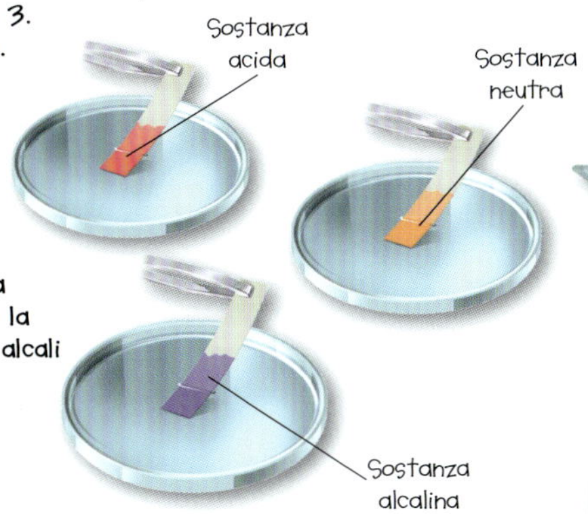

▶ La cartina al tornasole cambia colore quando tocca sostanze diverse. Gli acidi la fanno diventare rossa, gli alcali la rendono bluastra- viola. Più vivace è il colore, più forte è l'acido o la base.

73 **Acidi e basi sono tipi di sostanze chimiche "opposte".** Quando si incontrano, subiscono dei cambiamenti chiamati reazione chimica. Il risultato è di solito un terzo tipo di prodotto chimico, chiamato sale. Quello comune che usiamo per cucinare ne è un esempio. Il suo nome chimico è cloruro di sodio.

DIVERTIMENTO SPUMOSO

Cosa ti serve

aceto, bicarbonato

Crea una reazione chimica: aggiungi alcune gocce di aceto a un cucchiaio di bicarbonato in un piattino. L'aceto è un acido, il bicarbonato è una base. Reagiscono schiumando ed emettendo bolle di anidride carbonica. Rimane è un sale (da non mangiare!).

74 **Il mondo è fatto di milioni di sostanze diverse,** come la terra, il legno, il cemento, la plastica e l'aria. Sono combinazioni di sostanze più semplici. Se potessi scomporle, vedresti che sono fatte di sostanze pure, gli elementi.

1	2	3	4	5	6	7	8	9	10	11	12
1 H Idrogeno											
3 Li Litio	4 Be Berillio										
11 Na Sodio	12 Mg Magnesio										
19 K Potassio	20 Ca Calcio	21 Sc Scandio	22 Ti Titanio	23 V Vanadio	24 Cr Cromo	25 Mn Manganese	26 Fe Ferro	27 Co Cobalto	28 Ni Nichel	29 Cu Rame	30 Zn Zinco
37 Rb Rubidio	38 Sr Stronzio	39 Y Ittrio	40 Zr Zirconio	41 Nb Niobio	42 Mo Molibdeno	43 Tc Tecnezio	44 Ru Rutenio	45 Rh Rodio	46 Pd Palladio	47 Ag Argento	48 Cd Cadmio
55 Cs Cesio	56 Ba Bario	Elementi 57–71	72 Hf Afnio	73 Ta Tantalio	74 W Tungsteno	75 Re Renio	76 Os Osmio	77 Ir Iridio	78 Pt Platino	79 Au Oro	80 Hg Mercurio
87 Fr Francio	88 Ra Radio	Elementi 89–103	104 Rf Rutherfordio	105 Db Dubnio	106 Sg Seaborgio	107 Bh Bohrio	108 HS Hassio	109 Mt Meitnerio	110 Ds Darmstadtio	111 Rg Roentgenio	112 Uub Ununbio

57 La Lantanio	58 Ce Cerio	59 Pr Praseodimio	60 Nd Neodimio	61 Pm Promezio	62 Sm Samario	63 Eu Europio	64 Gd Gadolinio	65 Tb Terbio
89 Ac Attinio	90 Th Torio	91 Pa Protoattinio	92 U Uranio	93 Np Nettunio	94 Pu Plutonio	95 Am Americio	96 Cm Curio	97 Bk Berkelio

Numero atomico — Simbolo chimico — Nome

20 Ca Calcio

▲ La tavola periodica è una tabella contenente tutti gli elementi. In ogni riga gli atomi diventano più pesanti da sinistra a destra. Ogni colonna (dall'alto in basso) contiene elementi con caratteristiche chimiche simili. Ogni elemento ha un simbolo chimico, un nome e un numero atomico, che corrisponde al numero di particelle chiamate protoni nella sua parte centrale, o nucleo.

▶ Le stelle sono fatte principalmente di idrogeno in combustione, ed è per questo che sono così calde e luminose.

75 **L'idrogeno è l'elemento più semplice** ed è il primo della tavola periodica. Ciò significa che ha gli atomi più piccoli. È un gas molto leggero, che galleggia verso l'alto nell'aria. Veniva usato per riempire i dirigibili giganti. Ma c'era un problema: l'idrogeno prende fuoco facilmente ed esplode.

76 **Sulla Terra, in natura, si trovano circa 90 elementi.** In un elemento, tutte le sue particelle, chiamate atomi, sono esattamente uguali tra loro. Altrettanto importante: tutti gli atomi sono diversi da quelli di qualsiasi altro elemento.

Tipi di elementi

- Metalli alcalini
- Metalli alcalino terrosi
- Metalli di transizione
- Altri metalli
- Altri non metalli
- Alogeni
- Gas inerti
- Lantanidi
- Attinidi
- Transattinoidi

Nota: gli elementi 113-118 sono elementi sintetici creati solo recentemente, quindi le loro proprietà non sono note con certezza.

13	14	15	16	17	18
					2 He Elio
5 B Boro	6 C Carbonio	7 N Azoto	8 O Ossigeno	9 F Fluoro	10 Ne Neon
13 Al Alluminio	14 Si Silicio	15 P Fosforo	16 S Zolfo	17 Cl Cloro	18 Ar Argon
31 Ga Gallio	32 Ge Germanio	33 As Arsenico	34 Se Selenio	35 Br Bromo	36 Kr Krypton
49 In Indio	50 Sn Stagno	51 Sb Antimonio	52 Te Tellurio	53 I Iodio	54 Xe Xenon
81 Ti Tallio	82 Pb Piombo	83 Bi Bismuto	84 Po Polonio	85 At Astato	86 Rn Radon
113 Nh Nihonio	114 Fl Flerovio	115 Mc Moscovio	116 Lv Livermorio	117 Ts Tennesso	118 Og Oganesson

66 Dy Disprosio	67 Ho Olmio	68 Er Erbio	69 Tm Tulio	70 Yb Itterbio	71 Lu Lutezio
98 Cf Californio	99 Es Einsteinio	100 Fm Fermio	101 Md Mendelevio	102 No Nobelio	103 Lr Laurenzio

QUIZ

1. Quanti elementi naturali ci sono sulla Terra?
2. Quale metallo leggero è utile?
3. Da quale elemento sono composte le stelle?
4. Cos'hanno in comune i diamanti e il carbone?

Risposte
1. Circa 90 2. Alluminio
3. Idrogeno 4. Sono entrambi
composti da carbonio puro

78 **L'uranio è un elemento pesante e pericoloso.** Emette raggi e particelle minuscole molto dannosi. Queste emissioni, chiamate radioattività, possono causare ustioni e malattie come il cancro.
La radioattività è una forma di energia e, sotto attento controllo, gli elementi radioattivi sono usati come combustibile nelle centrali nucleari.

▶ L'alluminio è un metallo resistente ma leggero, ideale per la struttura di veicoli come gli aerei.

77 **Il carbonio è un elemento molto importante** per tutti gli esseri viventi. Si unisce facilmente con atomi di altri elementi per formare grandi gruppi di atomi chiamati molecole. Quando è puro, il carbonio può avere due forme diverse: una fuliggine morbida e polverosa e un diamante duro e scintillante. La forma dipende da come gli atomi di carbonio si uniscono tra loro.

79 **L'alluminio è un elemento che rappresenta un metallo,** ed è uno dei più utili. È leggero e resistente, non arrugginisce e resiste alla corrosione. Pentole, lattine, fogli da cucina e jet sono composti principalmente di alluminio.

◀ Il diamante è una forma dell'elemento carbonio in cui gli atomi sono legati in un motivo a scatola molto resistente.

Scienza in miniatura

80 Molte pagine di questo libro parlano di atomi. Sono le parti più piccole di una sostanza. Sono così minuscoli che anche un miliardo di atomi sarebbe troppo piccolo da vedere. Gli scienziati hanno condotto esperimenti per scoprire cosa c'è in un atomo. La risposta è: parti ancora più piccole. Particelle subatomiche, e sono di tre tipi.

81 Al centro di ogni atomo si trova un nucleo. Contiene due tipi di particelle subatomiche. I protoni e i neutroni. I protoni sono positivi. Il neutrone non è né positivo né negativo. Intorno al centro di ogni atomo ci sono particelle subatomiche chiamate elettroni. Sfrecciano intorno al nucleo. Così come un protone nel nucleo è positivo, un elettrone è negativo. Il numero di protoni ed elettroni è in genere lo stesso.

82 Gli atomi dei vari elementi hanno un numero diverso di protoni e neutroni. Un atomo di idrogeno ha un solo protone. Un atomo di elio, il gas che fa fluttuare i palloncini, ha due protoni e due neutroni. Un atomo del metallo pesante chiamato piombo ha 82 protoni e 124 neutroni.

NON CI CREDO!

Cento anni fa, si pensava che gli elettroni fossero sparsi in un atomo, come l'uvetta in un panettone.

► Le parti all'interno di un atomo danno a ogni sostanza le sue caratteristiche, dall'idrogeno che esplode all'ossigeno che dà la vita.

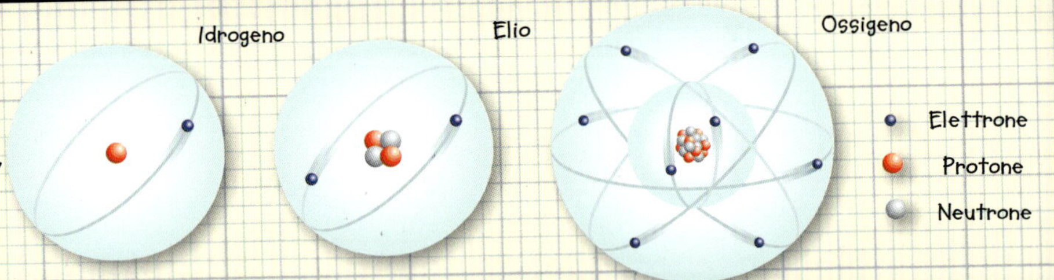

83

È difficile immaginare le dimensioni di un atomo. Un granello di sabbia, più piccolo di questa "o", contiene almeno 100 miliardi di miliardi di atomi. Se si potessero ingrandire gli atomi, in modo che ognuno sia grande come una testa di spillo, il granello di sabbia sarebbe alto 2 km!

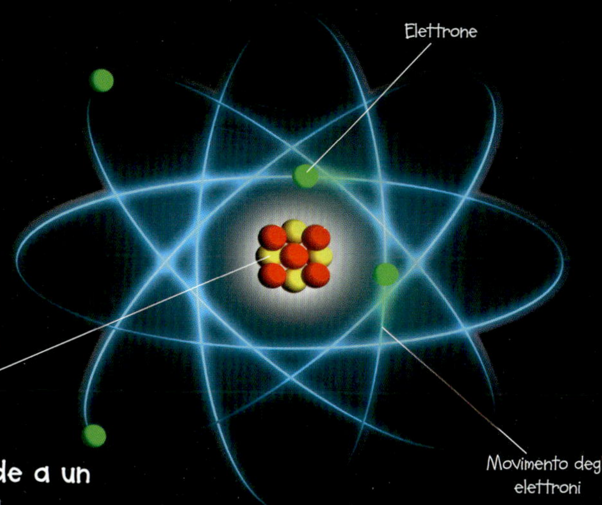

▲ I protoni e i neutroni nel nucleo di un atomo sono tenuti insieme da una potente forza.

84

Il termine "nano" corrisponde a un miliardesimo (1/1.000.000.000). La nanotecnologia è la scienza al livello più piccolo, che studia come gli atomi si uniscono per formare le molecole. È piuttosto recente, ma ha già prodotto molti materiali utili, da quelli più resistenti nei jet e nelle auto da corsa, al vetro autopulente e alle palline da tennis più rimbalzanti!

▼ Le buckyball sono strutture a forma di palla composte da atomi di carbonio, utilizzate in alcuni tipi di pannelli solari e nella ricerca medica.

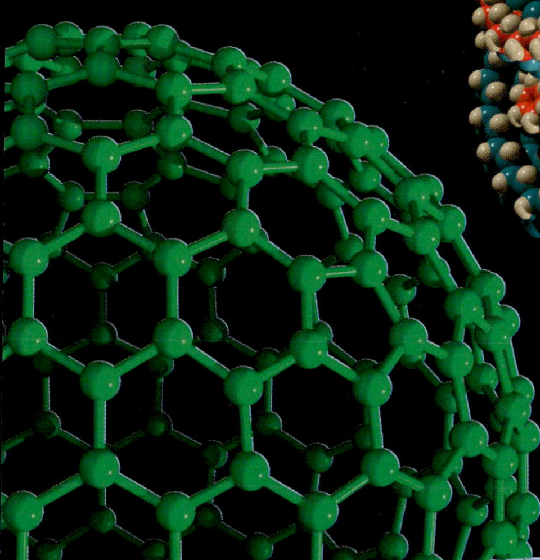

◀ Questa idea di un nano-cuscinetto permette all'asse centrale di girare all'interno del collare esterno. Potrebbe essere impiegato nelle micromacchine.

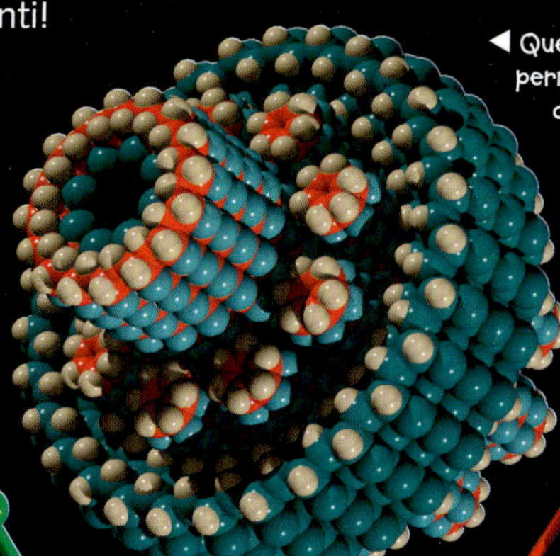

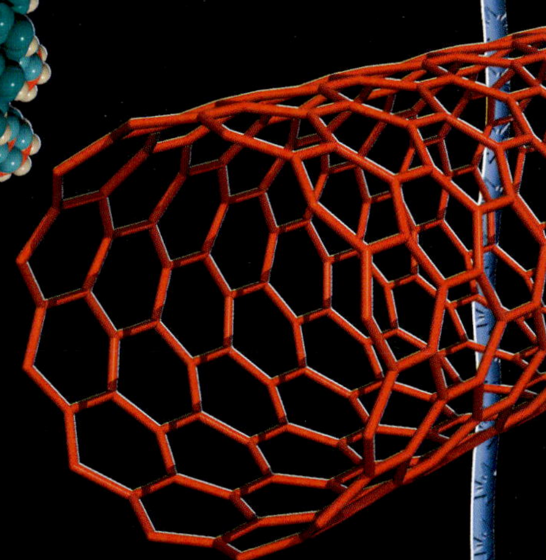

▶ Come le buckyball, i nanotubi sono formati principalmente da atomi di carbonio. Possono essere combinati con la plastica in attrezzature hi-tech come le biciclette da corsa.

Scienziati al lavoro

85 Esistono migliaia di lavori e carriere nel campo scientifico. Gli scienziati lavorano in laboratori, fabbriche, uffici, miniere, acciaierie, parchi naturali... praticamente ovunque. Sviluppano nuove conoscenze e fanno scoperte usando un processo chiamato metodo scientifico.

86 Si parte da un'idea, chiamata teoria o ipotesi. Ci si chiede o si prevede cosa accadrà in una certa situazione. Gli scienziati propongono continuamente nuove idee e teorie da testare. Una teoria molto semplice è: se lancio una palla in aria, tornerà giù?

▲ Alcuni lavori scientifici comportano la manipolazione di microbi o di sostanze chimiche pericolose. Questo significa che possono essere necessarie precauzioni di sicurezza, come indossare guanti e mascherine.

▶ In termini scientifici, lanciare una palla in aria è un esperimento. Quale sarà il risultato?

87 Lo scienziato esegue un esperimento o un test, per verificare cosa succede nella realtà. L'esperimento viene progettato e controllato, in modo che riveli risultati utili. Eventuali cambiamenti vengono introdotti uno alla volta, in modo da poter studiare l'effetto di ognuno. L'esperimento per la nostra semplice teoria è: lanciare la palla in aria.

QUIZ

Sistema queste attività nell'ordine corretto, in modo da rispettare il metodo scientifico.

1. Risultati 2. Esperimento 3. Conclusioni 4. Teoria 5. Misurazioni

Risposta
4, 2, 5, 1, 3

◀ Gli scienziati raccolgono informazioni e registrano tutti i loro risultati in laboratorio.

88 **La misurazione e la registrazione** sono molto importanti all'interno di un esperimento. Tutti i cambiamenti sono misurati, annotati e magari anche fotografati o filmati.

89 **I risultati sono ciò che accade durante e alla fine dell'esperimento.** Si studiano disegnando grafici e creando tabelle. Probabilmente puoi indovinare il risultato del nostro esperimento: la palla cade di nuovo giù.

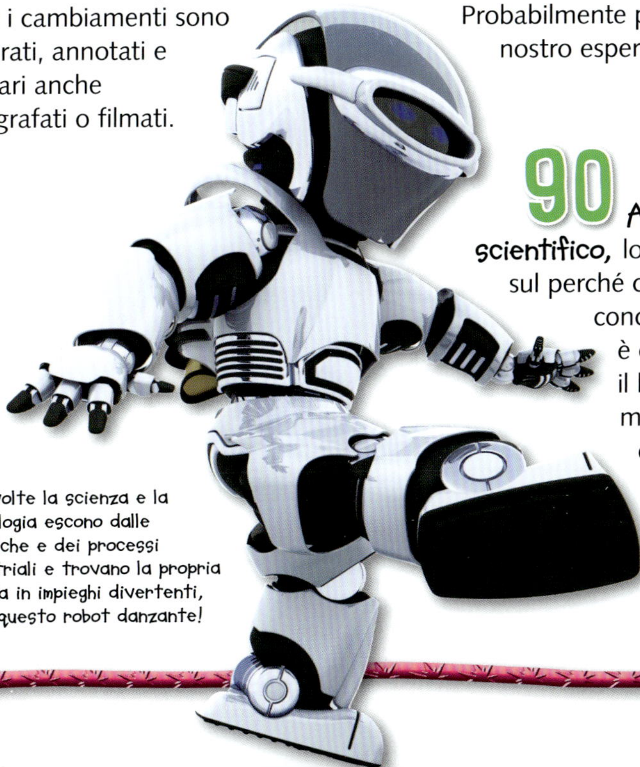

▶ A volte la scienza e la tecnologia escono dalle fabbriche e dei processi industriali e trovano la propria strada in impieghi divertenti, come questo robot danzante!

90 **Alla fine del processo scientifico,** lo scienziato trae delle conclusioni sul perché certe cose sono accadute. La conclusione del nostro esperimento è che qualcosa attira la palla verso il basso. La scienza non si ferma mai. Ci sono sempre nuove teorie, esperimenti e risultati. È così che la scienza progredisce, con nuove scoperte e invenzioni ogni anno.

Scienza e natura

91 La scienza e i suoi effetti sono presenti in tutto il mondo naturale.

91 La scienza e i suoi effetti sono presenti in tutto il mondo naturale. Gli scienziati studiano animali, piante, rocce e suolo. Vogliono capire la natura e scoprire come la scienza e la tecnologia influenzano la fauna selvatica.

92 Uno dei tipi di scienza più complicati è l'ecologia.

92 Uno dei tipi di scienza più complicati è l'ecologia. Gli ecologisti cercano di capire come si collegano gli elementi del mondo naturale. Studiano la flora e la fauna, cosa mangiano gli animali e perché le piante crescono meglio in alcuni terreni che in altri. Contano il numero di specie e possono catturare temporaneamente gli animali per studiarli, o seguire la crescita degli alberi in un bosco. Quando l'equilibrio della natura è in pericolo, gli ecologi possono contribuire a scoprire il perché.

▼ Uno dei lavori più importanti nella scienza è lo studio dei danni dell'inquinamento al mondo naturale. Quasi tutto quello che facciamo influisce sui luoghi selvaggi, sugli animali e sulle piante. Per esempio, una centrale elettrica può rendere l'acqua di un fiume più calda. Questo potrebbe aumentare la proliferazione di animali e piante introdotti accidentalmente dalle zone tropicali, che alterano l'equilibrio di quell'habitat, e quindi l'equilibrio naturale.

▼ La scienza dell'ecologia comporta lunghi periodi di studio della natura e di tutti i suoi habitat, dai fiumi ai fondali marini. Per esempio, l'osservazione di uccelli come gli aironi e di pesci come la trota mostra quali alimenti mangiano. Questo ci aiuta a capire come i cambiamenti ambientali possono influenzarli.

NON CI CREDO!

La scienza spiega come animali come gli uccelli o le balene si orientino nel mondo. Alcuni rilevano il magnetismo della Terra, e da che parte si trova il nord o il sud. Altri seguono i cambiamenti della gravità, la forza che attrae tutto verso la superficie terrestre.

◀ Le fuoriuscite di petrolio causano enormi danni all'ecologia di una regione. Gli scienziati consigliano i modi migliori per eliminare l'inquinamento.

93 **Gli ecologisti usano molte forme di scienza high-tech nei loro studi.** Possono dotare un animale di un radiocollare, in modo da poterne seguire i movimenti. Telecamere speciali vedono nel buio e mostrano come i cacciatori notturni catturano le loro prede. Il radar utilizzato per rilevare gli aerei può anche seguire gli stormi di uccelli. Il sonar delle barche può tracciare banchi di pesci o balene.

◀ Monitorare le tigri è vitale per conoscere le minacce che incombono su questi grandi felini a rischio di estinzione, e contribuire a salvarli.

Scienza e medicina

94 Una delle più grandi aree della scienza è la medicina. Gli scienziati medici lavorano per produrre farmaci migliori, più pezzi di ricambio per il corpo e più macchinari per i medici. Svolgono anche ricerche scientifiche per scoprire come migliorare la salute e prevenire le malattie.

▲ La tecnologia medica usa l'attrezzatura più recente per diagnosticare, trattare e curare le malattie. Questa unità di monitoraggio visualizza la frequenza cardiaca, le pulsazioni, la quantità di ossigeno nel sangue, la velocità di respirazione, la pressione sanguigna e altri parametri vitali.

95 **Quando le parti del corpo lavorano,** come i muscoli e i nervi, producono piccoli impulsi elettrici. Sensori posti sulla pelle li raccolgono e vengono visualizzati come una linea ondulata su uno schermo o una striscia di carta. L'ECG (elettrocardiografo) mostra il battito del cuore. L'EEG (elettroencefalogramma) mostra i segnali nervosi nel cervello.

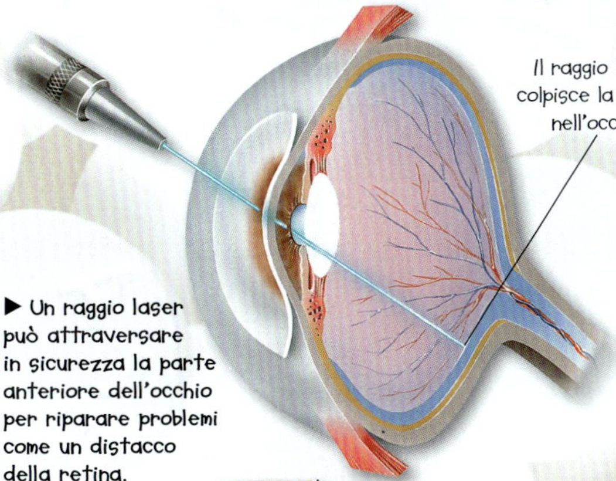

▶ Un raggio laser può attraversare in sicurezza la parte anteriore dell'occhio per riparare problemi come un distacco della retina.

96 **I raggi laser sono ideali** per operazioni chirurgiche delicate su parti del corpo come l'occhio. Il raggio effettua dei tagli molto piccoli e precisi. Si può proiettarlo nell'occhio e concentrarlo in un punto, o aumentarne l'intensità. Così si può compiere un taglio in profondità all'interno dell'occhio, senza danneggiare le parti esterne.

CREA LA MACCHINA A IMPULSI

Cosa ti serve
argilla modellabile • cannuccia

Tasta il polso per sentire i battiti, appena sotto la base del pollice, con un dito dell'altra mano. Metti un po' di argilla modellabile su quest'area e infilaci una cannuccia. Guarda la cannuccia contrarsi a ogni battito. Ora puoi vedere e sentire i tuoi battiti. Controlla le tue pulsazioni contando il numero di battiti cardiaci in un minuto.

97 **L'endoscopio è come** un telescopio flessibile fatto di fili di fibra. È inserito nell'organismo per esempio attraverso la bocca, o attraverso un piccolo taglio, per vedere all'interno. Il chirurgo guarda nell'endoscopio, o esamina l'immagine su uno schermo.

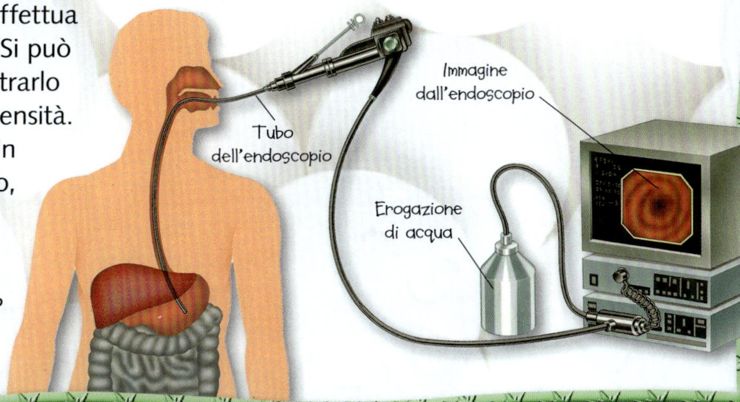

▶ Un endoscopio viene inserito nel corpo per fornire al medico un'immagine a schermo. Il trattamento può essere effettuato immediatamente.

Scienza e futuro

98 Molte macchine e processi moderni possono causare danni all'ambiente e alla salute, per esempio piogge acide, la distruzione dello strato di ozono e l'effetto serra, che porta al riscaldamento globale e quindi al cambiamento climatico. La scienza può aiutare a trovare soluzioni. Nuovi filtri e sostanze chimiche chiamate catalizzatori possono ridurre i fumi degli scarichi dei veicoli e delle centrali elettriche, e delle sostanze chimiche negli scarichi delle fabbriche.

◀ Fumi, rifiuti e prodotti chimici causano un enorme inquinamento in molte città.

QUIZ

Quale scienza vorresti studiare da grande? Prova a indovinare cosa studiano queste scienze:

1. Meteorologia 2. Biologia 3. Astronomia 4. Ecologia

Risposte
1. Meteo e clima
2. Animali, piante e altri esseri viventi
3. Stelle, pianeti e corpi nello Spazio
4. Come funziona la natura

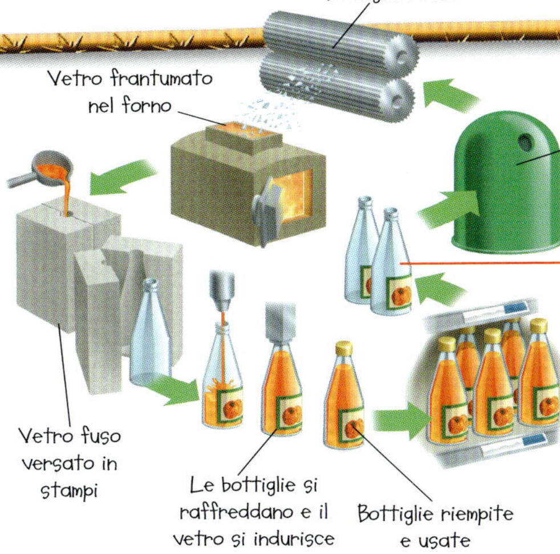

▲ Riciclando il vetro possiamo risparmiare enormi quantità di energia e di materie prime.

▶ Suddividere i rifiuti in diversi materiali come vetro, plastica e cartone prima della raccolta rende il riciclaggio molto più efficiente.

99 **Un'area molto importante della scienza è il riciclo.** Molti materiali e sostanze possono essere riciclati: vetro, carta, plastica, lattine, metalli di scarto e stracci. Gli scienziati stanno lavorando per migliorare questo processo. I prodotti dovrebbero essere progettati in modo che, quando non funzionano più, siano facili da riciclare. Anche il processo di riciclo viene reso più efficace.

100 **Usiamo grandi quantità di energia,** per creare elettricità e come combustibile per le auto. Gran parte di questa energia proviene dal petrolio, dal gas naturale e dal carbone, fonti di energia che non dureranno per sempre e che causano un'enorme inquinamento. Gli scienziati lavorano per sviluppare forme di energia più pulite, cioè che producano meno inquinamento e non si esauriscano, cioè che siano rinnovabili: l'energia eolica dalle turbine, l'energia solare dalle fotocellule e l'energia idroelettrica dalle dighe e delle maree.

▶ In una turbina eolica, il movimento meccanico di rotazione del rotore viene trasformato in energia elettrica.

GRANDI SCIENZIATI

101 Uno scienziato studia come funziona il mondo. Si pone domande e cerca di trovare risposte con esperimenti, osservazioni e ragionamenti matematici. Propone inoltre idee e teorie e cerca di metterle alla prova nello stesso modo. È così che scopriamo il mondo: da cosa sono gli atomi a come funziona l'Universo.

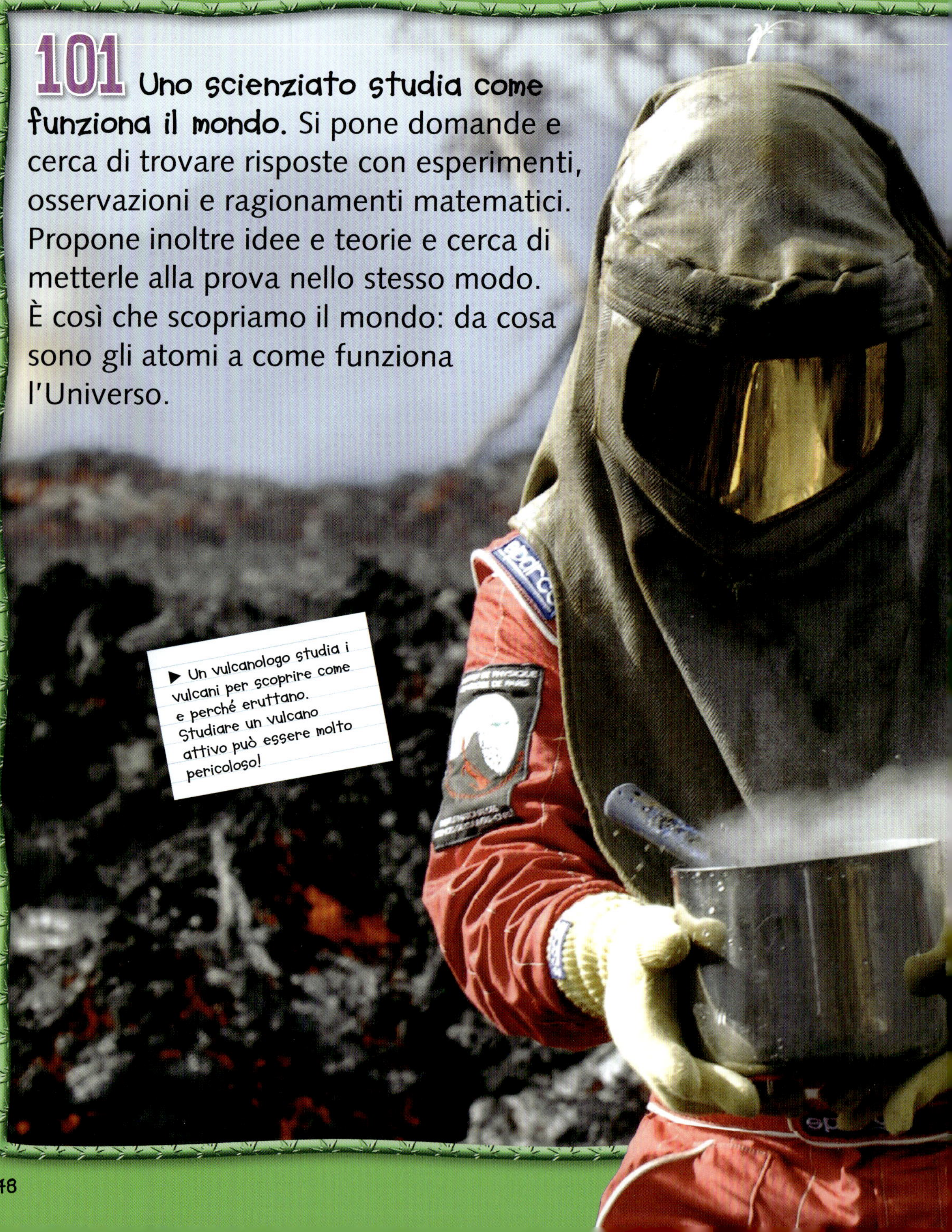

▶ Un vulcanologo studia i vulcani per scoprire come e perché eruttano. Studiare un vulcano attivo può essere molto pericoloso!

102 **Le idee scientifiche cambiano continuamente.** Ciò che gli scienziati pensano sia vero in un'epoca può essere messo in discussione in quella successiva. Solo un secolo fa, gli astronomi pensavano che l'Universo coincidesse con la Galassia della Via Lattea. Ora sappiamo che è molto più vasto, con più di 500 miliardi di galassie.

103 **In passato, gli scienziati hanno** spesso studiato una vasta gamma di argomenti. Prima del 1830, la parola "scienziato" non era molto utilizzata. La maggior parte dei grandi scienziati citati in questo libro erano chiamati "filosofi naturali".

▶ Esistono molti tipi di scienziati. Sono specializzati in diversi campi, come i fisici delle particelle che studiano gli atomi e i microbiologi che osservano la vita microscopica.

Scienze della vita

Botanica.... I botanici studiano le piante in natura e in laboratorio

Zoologia.... Gli zoologi studiano gli animali in natura e in laboratorio

Genetica..... Studia il modo in cui gli esseri viventi trasmettono le loro caratteristiche ai loro discendenti

Medicina..... È la scienza della comprensione e della cura del corpo umano

Scienze fisiche

Fisica.................. I fisici studiano la materia e le forze e come si muovono nello spazio e nel tempo

Chimica............... I chimici studiano le sostanze e come reagiscono tra loro

Astronomia......... Gli astronomi studiano lo Spazio: dalle lune ai pianeti e dalle stelle alle galassie

Scienze della terra

Geologia............ I geologi studiano le rocce e i minerali e come funziona la Terra

Oceanografia........ Gli oceanografi studiano gli oceani, le correnti oceaniche e le maree

Paleontologia...... I paleontologi studiano la vita preistorica e i fossili

Meteorologia....... I meteorologi studiano il tempo, il clima e i cambiamenti nell'atmosfera

Meraviglie matematiche

104 Circa 10.000 anni fa, i popoli del Medio Oriente iniziarono a coltivare la terra. Costruirono grandi civiltà, come l'antico Egitto. Inventarono i numeri per tenere nota delle quantità e scoprirono che servono per tante cose, come suddividere in parti uguali o calcolare l'area di un campo. Nasce così la matematica.

▼ Gli antichi Egizi costruirono le piramidi con una precisione sorprendente. Sapevano calcolare l'altezza di una piramide solo dalla lunghezza della sua ombra.

Euclide matematico greco, circa 300 A.C.

◀ Lo Shard di Londra è stato completato nel 2012. Gli ingegneri moderni hanno basato le loro idee sull'antico teorema di Euclide.

105 Nell'antica Grecia, i matematici calcolavano cose come le aree dei triangoli. Esposero le prove logiche delle loro idee. Euclide, considerato il più grande matematico di tutti i tempi, scrisse un libro intitolato *Elementi*, che fornisce ancora oggi le competenze di base utilizzate da ingegneri e costruttori.

Archimede, matematico greco, circa 287–212 A.C.

106 Archimede affrontava i problemi in modo scientifico. Elaborava teorie che potevano essere provate o confutate dagli esperimenti e dalla matematica. Dimostrò che la potenza di una leva (una macchina semplice) necessaria per spostare un carico dipende da quanto lontano dal suo fulcro (punto di rotazione) si applica la forza.

107

Una leggenda narra che il re di Siracusa sospettava che la sua corona fosse stata forgiata in oro impuro. Chiese ad Archimede di indagare. Ma come poteva riuscirci senza fondere la corona? Trovò la soluzione mentre si faceva il bagno e corse nudo per le strade gridando: "Eureka!" ("L'ho trovata!").

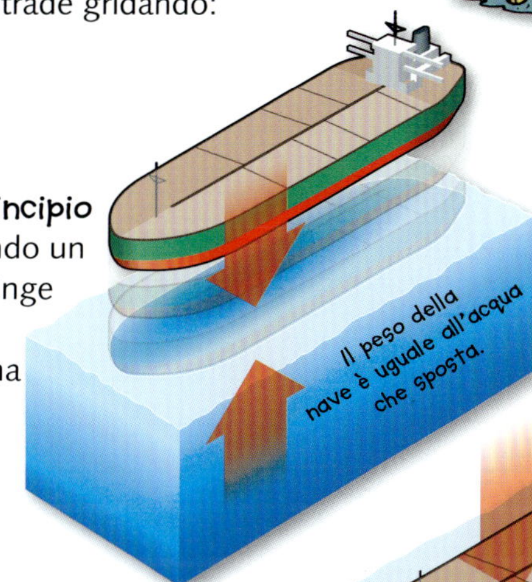

◄▼ Le navi pesanti galleggiano perché sono sostenute dal peso dell'acqua che spingono via.

108

Archimede spiegò il principio del galleggiamento dei corpi. Quando un corpo affonda nell'acqua, questa lo spinge verso l'alto con una forza pari al peso dell'acqua spostata. Il corpo subisce una spinta naturale verso l'alto. Dimostrò che un corpo affonda fino a quando il suo peso è uguale al peso dell'acqua spostata, dopodiché galleggia.

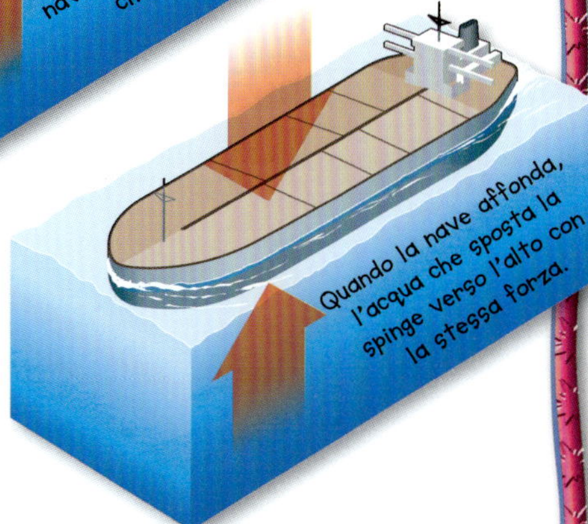

109

Archimede varò da solo una nave gigante usando leve e pulegge. Una puleggia gira come una ruota e ha una scanalatura per ospitare un cavo o una corda. Più pulegge consentono di sollevare facilmente carichi pesanti.

▼ Archimede identificò tre tipi (generi) di leve, a seconda di dove si applica la forza rispetto al fulcro.

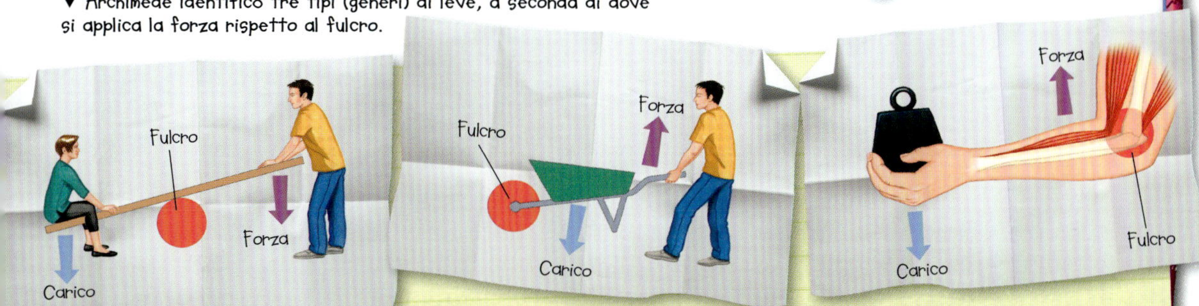

① Una leva di **primo genere** ha il carico e la forza sui lati opposti del fulcro, come in un dondolo

② Una leva di **secondo genere** ha il carico e la forza sullo stesso lato del fulcro, come in una carriola

③ Una leva di **terzo genere** ha la forza tra il carico e il fulcro, come un gomito umano

Scoperte a Baghdad

Ibn Sīnā Avicenna
Persiano c.980–1037

110 Quando Maometto iniziò a predicare la religione dell'Islam nel 600, incaricò i suoi seguaci di cercare la conoscenza. Baghdad e altre città islamiche divennero centri di apprendimento. Avicenna studiò di tutto, dalla filosofia alla fisica. Non solo identificò le principali forme di energia e sviluppò il concetto di forza, ma il suo libro, *Il canone della medicina*, divenne la bibbia dei medici per 600 anni!

QUIZ

1. Cosa misurava l'astrolabio?
2. Per cosa si usa la distillazione oggi?
3. Cosa usa l'algebra per sostituire i numeri sconosciuti nei calcoli?

Risposte
1. Angoli 2. Per raffinare il petrolio e l'alcol 3. Simboli o lettere

111 I musulmani avevano bisogno di conoscere la vera direzione del luogo nascita di Maometto. Così gli scienziati svilupparono strumenti astronomici per mappare le stelle. L'astrolabio venne inventato dall'astronomo Muḥammad ibn Ibrāhīm al-Fāzārī Misurava gli angoli a vista, e i più esperti potevano calcolare i punti cardinali dalla sola posizione delle stelle.

Muḥammad ibn Ibrāhīm al-Fāzārī
arabo o persiano
morto nel 796 o 806

▶ Gli astronomi musulmani mapparono le stelle e i loro movimenti con grande precisione.

Abū Mūsā Jābir ibn Ḥayyān al-Azd (Geber) persiano 721–815

▲ Oltre alla distillazione, Geber scoprì degli acidi abbastanza forti da sciogliere i metalli.

112 **Abū Mūsā Jābir ibn Ḥayyān al-Azd (Geber) mescolò e riscaldò** insieme sostanze chimiche in quantità prestabilite per vedere come interagivano. Geber scoprì anche che poteva purificare i liquidi facendoli bollire e raccogliendo le gocce di vapore. Questo processo (distillazione) è usato ancora oggi per raffinare il petrolio e gli alcolici.

113 **I numeri romani erano scomodi da usare per i grandi numeri.** Così nell'VIII secolo, dopo aver studiato i numeri indiani, al-Khwārizmī introdusse i numeri arabi che usiamo oggi in tutto il mondo. I numeri romani hanno bisogno di sette cifre per esprimere un numero piccolo come 38 (XXXVIII). Con sette cifre, i numeri arabi arrivano quasi a dieci milioni!

al-Khwārizmī arabo o persiano c.780-850

Numero romano	Numero arabo
I	1
II	2
III	3
IV	4
V	5
VI	6
VII	7
VIII	8
IX	9
X	10

▶ I numeri romani vennero ideati aggiungendo linee. I numeri arabi usano i simboli da uno a 10, il che è più semplice.

114 **Al-Khwārizmī creò la branca della matematica detta algebra.** L'algebra usa simboli o lettere per sostituire i numeri sconosciuti nei calcoli. I matematici possono svelare i numeri sconosciuti inserendo dei simboli in "ricette" chiamate equazioni. L'algebra è presente in quasi tutti i calcoli scientifici.

115 **Quando il nome di al-Khwārizmī** venne scritto in latino venne letto "Algoritmi". Ecco da dove deriva questa parola. Gli algoritmi sono sequenze matematiche logiche, e fu al-Khwārizmī che sviluppò per primo l'idea. Gli algoritmi sono la base di tutti i programmi informatici.

La diffusione della scienza

Leonardo da Vinci
1452–1519

116 **Nel 1400, la scienza** islamica raggiunse l'Europa. Le idee dell'antica Grecia e di Roma furono riscoperte, e artisti geniali come Leonardo da Vinci ne rimasero entusiasti. Le studiarono e ci misero del loro...

117 **Si potrebbe pensare che gli elicotteri e le automobili** siano invenzioni dei giorni nostri, ma Leonardo li aveva progettati 500 anni fa. I suoi schizzi per una macchina volante simile a un deltaplano sono così dettagliati che gli esperti ne hanno costruito uno vero, quasi funzionante.

▼ Da genio della scienza, Leonardo realizzò brillanti appunti e disegni su ogni campo, dalla geologia alle macchine volanti.

▼ Leonardo era molto avanti rispetto al suo tempo, e arrivò a creare modelli per studiare il percorso dei fiumi.

118 **Leonardo scrisse al Duca di Milano offrendo i suoi servizi come ingegnere.** Aveva un'idea per un carro armato. Questi veicoli debuttarono nella Prima guerra mondiale (1914–1918), eppure sono presenti nei quaderni di Leonardo del 1480.

119 **Per disegnare accuratamente** le figure, gli artisti studiavano il corpo umano. Per mostrare l'interno, Leonardo sviluppò un modo per disegnare sezioni trasversali e versioni 3D dei muscoli.

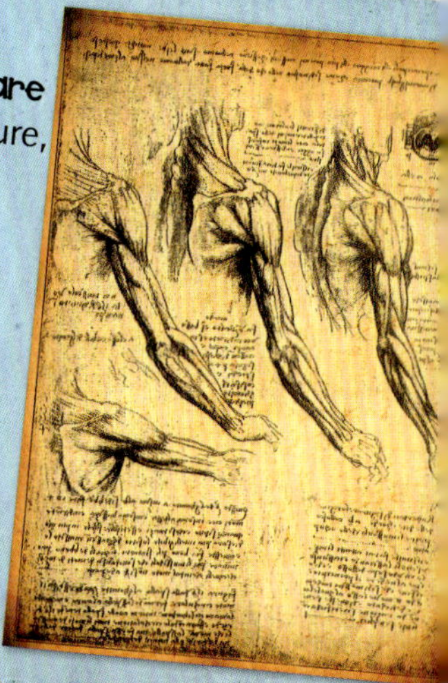

▶ Leonardo realizzò illustrazioni molto accurate del sistema muscolare.

120 **I primi medici impararono nozioni sul corpo (spesso in modo** errato) dai libri antichi, specialmente quelli di Galeno (129-199), un medico romano. Andrea Vesalio si rese conto che l'unico modo per saperne di più era quello di sezionare dei veri cadaveri. Mentre lo faceva, fece disegnare all'artista Jan van Calcar ciò che aveva trovato. Nel 1543 realizzarono il primo libro accurato di anatomia umana.

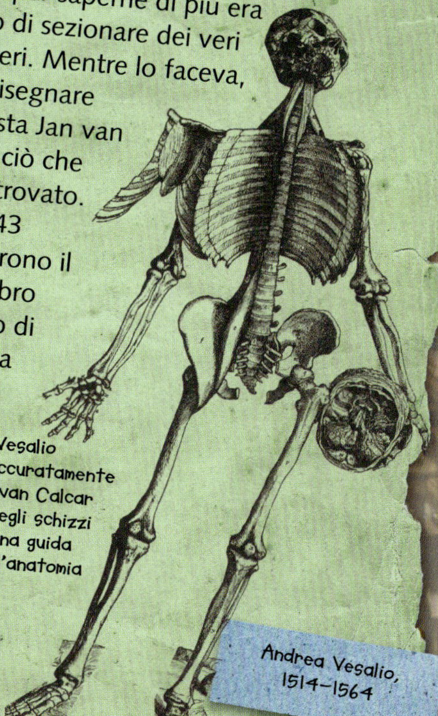

▶ Mentre Vesalio sezionava accuratamente i corpi, Jan van Calcar realizzava degli schizzi per creare una guida accurata dell'anatomia umana.

Andrea Vesalio, 1514–1564

121 **Nel 1500, molti scienziati studiarono a Padova,** tra cui il medico inglese William Harvey. Quando Harvey tornò in Inghilterra, studiò come il sangue scorre nel corpo. Scoprì che non saliva e scendeva come le maree, come diceva Galeno. Veniva invece pompato dal cuore senza sosta in tutto il corpo, attraverso tubicini chiamati arterie e vene.

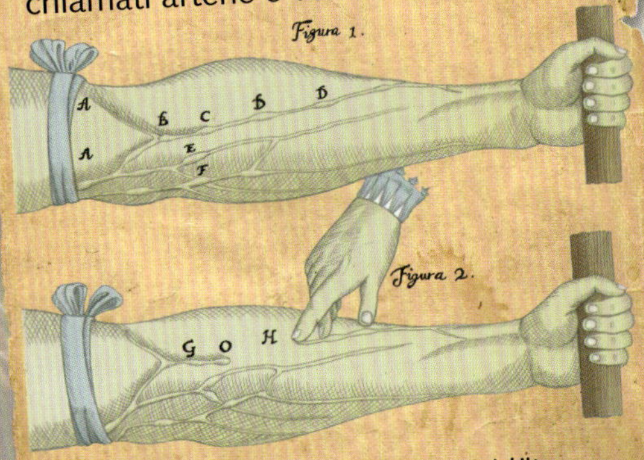

▲ Accurati esperimenti dimostrarono a William Harvey che il sangue scorreva costantemente all'interno del corpo.

William Harvey, 1578–1657

La rivoluzione astronomica

122 **Fino al 1400, la maggior** parte delle persone pensava che la Terra fosse fissa al centro dell'Universo. Credevano che il Sole, la Luna, i pianeti e le stelle vi girassero intorno. Gli astronomi inventarono elaborati schemi circolari per spiegarlo. Poi, nel 1514, Niccolò Copernico si rese conto della verità: è la Terra a girare intorno al Sole, insieme alla Luna e agli altri pianeti.

NON CI CREDO!

Quando Galileo disse che la Terra girava intorno al Sole, i capi della chiesa cattolica decisero di arrestarlo. Venne perdonato ufficialmente solo nel 1992!

▲ Copernico fu il primo a suggerire che la Terra non era ferma ma si muoveva intorno al Sole, insieme a tutti gli altri pianeti.

123 **L'idea di Copernico che la Terra girasse intorno al Sole non sembrava adattarsi alle osservazioni.** Così anche gli astronomi più intelligenti pensavano che si sbagliasse. Il loro errore fu quello di ritenere che le orbite dei pianeti fossero circolari. L'astronomo tedesco Giovanni Keplero si rese conto che le loro orbite non erano circolari, ma ellittiche (ovali). Con le orbite ellittiche, le osservazioni corrispondevano esattamente all'idea di Copernico.

LEGENDA

1 Mercurio
2 Venere
3 Terra
4 Marte
5 Giove
6 Saturno
7 Urano
8 Nettuno

▲ Galileo fece cadere un peso di 10 libbre e un peso di una libbra dalla Torre di Pisa, dimostrando che entrambi cadono alla stessa velocità.

124 La gente voleva le prove che Copernico avesse ragione.

124 La gente voleva le prove che Copernico avesse ragione. A fornirle fu un genio italiano, Galileo Galilei. Inventò il telescopio per poter vedere il cielo notturno meglio di chiunque altro prima. Oggi i telescopi ci rivelano sempre di più sull'Universo.

▼ Molti capi della Chiesa non credevano che ciò che Galileo mostrava loro attraverso il telescopio fosse davvero reale.

Galileo Galilei 1564–1642

125 Il telescopio dimostrò che Copernico aveva ragione. Galileo vide delle lune che giravano intorno a Giove, dimostrando che la Terra non è il centro di tutto. La luce e le ombre che Galileo vide su Venere dimostrarono che si muoveva intorno al Sole, non alla Terra.

126 Il più grande successo di Galileo fu dimostrare che i corpi diventano più veloci quando cadono. Sembra ovvio, ma ci volle il genio di Galileo per capire che guadagnano velocità in modo uniforme, e lo dimostrò cronometrando la velocità con cui delle sfere scendevano lungo un piano inclinato di legno. Questa scoperta fu fondamentale per la nostra comprensione di come si muovono i corpi, dalle automobili ai pianeti.

Microbi e misure

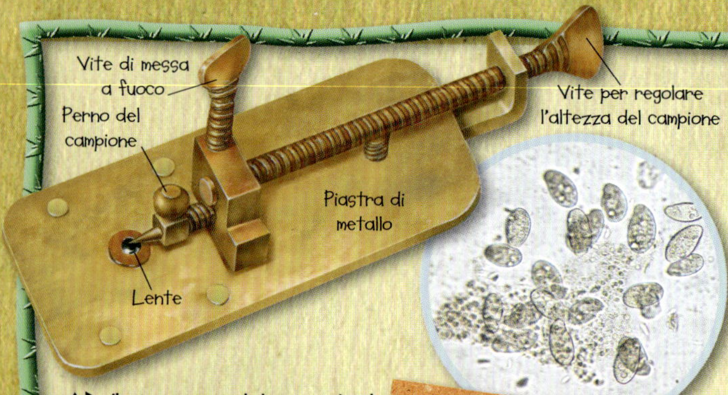

▲▶ Il microscopio di Leeuwenhoek. Notò che perfino una piccola goccia di pioggia brulica di microbi.

Anton von Leeuwenhoek, 1632–1723

127 **Nessuno sapeva che c'erano** forme di vita troppo piccole per essere vista a occhio nudo, fino a quando Anton von Leeuwenhoek nel 1670 guardò nel suo microscopio, che aveva lenti in grado di ingrandire un oggetto fino a 270 volte.

128 **Robert Hooke, un altro pioniere del microscopio, notò che** gli esseri viventi erano fatti di minuscole "particelle". Le chiamò cellule, perché assomigliavano a piccole file di stanze, le celle in cui vivevano i monaci. Hooke inventò anche l'apparecchio acustico e l'anemometro.

▶▼ Attraverso il suo microscopio, Hooke vide che gli esseri viventi sono costituiti da minuscole particelle, che chiamò "cellule".

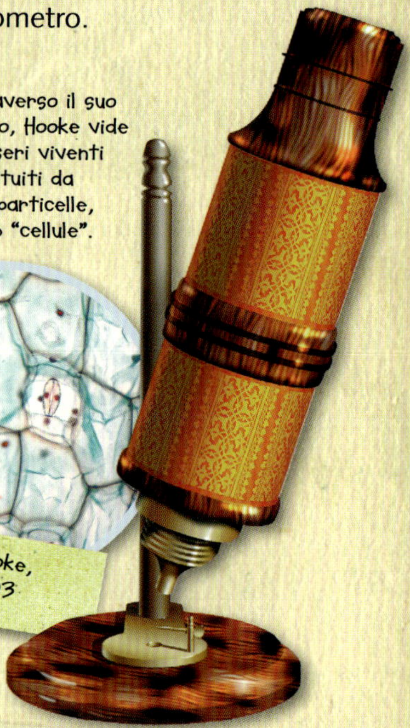

Robert Hooke, 1635–1703

Christiaan Huygens 1629–1695

129 **Prima del 1600, si poteva** indicare l'ora solo con una precisione di dieci minuti. Nel 1658 Christiaan Huygens perfezionò un orologio che teneva il tempo con un peso oscillante, detto pendolo. Fu il primo orologio accurato al mondo, così preciso che poteva misurare il tempo con una tolleranza di un minuto in una settimana.

◀ Huygens elaborò anche la matematica dei pendoli, che ci aiuta a capire come si muovono i pianeti.

130

Come Galileo, anche Huygens si costruì un telescopio. Scrutando attraverso di esso, vide che anche Saturno aveva una luna, poi chiamata Titano. Si rese poi conto che quelle che a Galileo erano sembrate delle orecchie su Saturno facevano parte di un anello piatto che gli girava intorno.

▼ Oggi sappiamo che gli anelli di Saturno sono costituiti da minuscole particelle di acqua, ghiaccio e polvere.

Renato Cartesio, 1596–1650

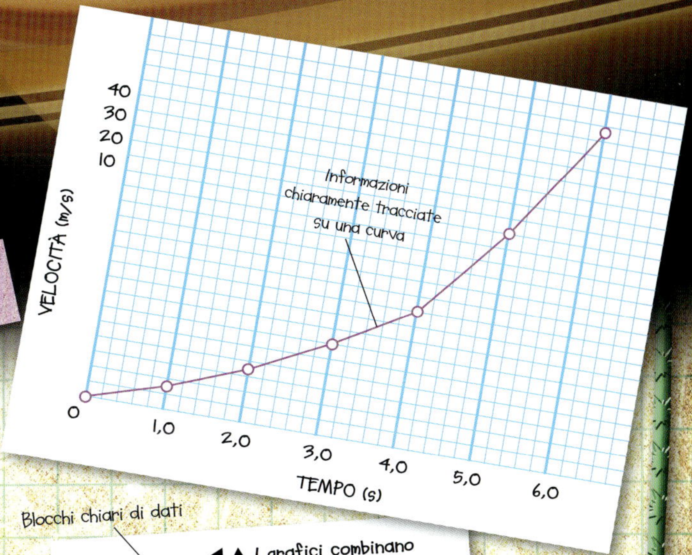

131

L'idea dei grafici si deve a Cartesio. I grafici sono un modo di guardare le cose mettendole in prospettiva insieme. Quando un oggetto accelera, sia la velocità che il tempo cambiano. Su un grafico, si disegnano i cambiamenti come una semplice linea, chiamata curva.

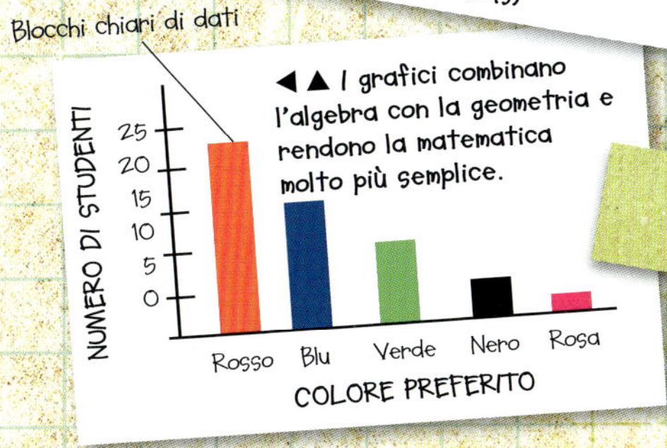

◀ ▲ I grafici combinano l'algebra con la geometria e rendono la matematica molto più semplice.

Gottfried Leibniz, 1646–1716

NON CI CREDO!

Ci sono milioni di tipi di batteri, ma nessuno seppe della loro esistenza fino a quando Leeuwenhoek li vide attraverso il suo microscopio.

132

La maggior parte delle cose in natura si muove a velocità variabili. Per studiarle, Isaac Newton e Gottfried Leibniz inventarono un tipo di matematica chiamata calcolo, che aiuta a scoprire la velocità con cui qualcosa si muove in un qualsiasi istante – un tempo così breve da credere che non vi sia alcuno spostamento.

Le leggi del moto

Isaac Newton, 1643–1727

133 Isaac Newton scoprì che ogni movimento

nell'Universo obbedisce a tre regole, note come leggi del moto. Riassumono ciò che serve per far muovere o fermare un corpo (prima legge), per far muovere qualcosa più velocemente o più lentamente, o cambiare direzione (seconda legge) e come il moto di un corpo ne influenzi un altro (terza legge).

PRIMA LEGGE: un corpo non si muove, a meno che qualcosa non lo spinga a farlo. Continuerà a muoversi con la stessa velocità e direzione, a meno che non sia costretto a cambiare. Ciò prende il nome di inerzia.

▶▲ Gli scienziati impiegano queste leggi per calcolare tutto, dal modo in cui un tuffatore si getta da un trampolino alla rotazione di una galassia.

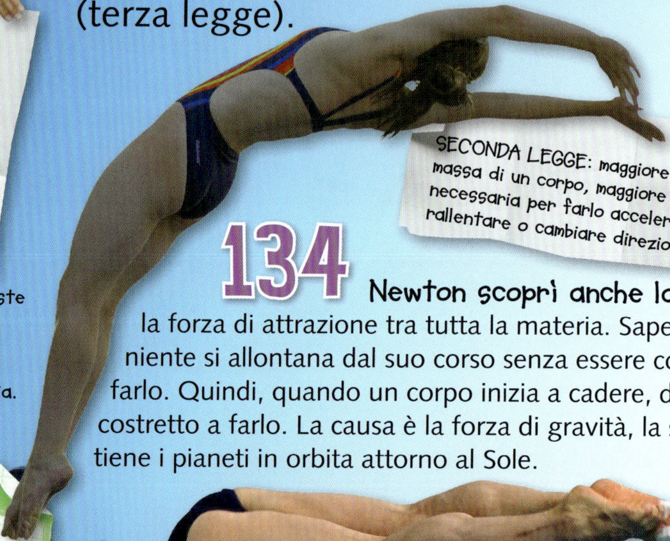

SECONDA LEGGE: maggiore è la massa di un corpo, maggiore è la forza necessaria per farlo accelerare, rallentare o cambiare direzione.

134 Newton scoprì anche la gravità,

la forza di attrazione tra tutta la materia. Sapeva che niente si allontana dal suo corso senza essere costretto a farlo. Quindi, quando un corpo inizia a cadere, deve essere costretto a farlo. La causa è la forza di gravità, la stessa che tiene i pianeti in orbita attorno al Sole.

SCONTRI DI BIGLIE

Dimostra la terza legge del moto di Newton con le biglie o le palle di un tavolo da biliardo. Fai rotolare una palla o una biglia sull'altra; quando si scontrano, una palla si muove in un modo e l'altra in un altro.

135 I primi telescopi funzionavano grazie a lenti per rifrangere (piegare) i raggi di luce.

Newton usò degli specchi curvi al posto delle lenti per proiettare i raggi di luce su se stessi, creando un telescopio compatto e potente. La maggior parte dei telescopi di oggi sono telescopi newtoniani o "riflettenti".

TERZA LEGGE: per ogni azione, c'è una reazione uguale e opposta. In altre parole, quando qualcosa spinge in una direzione, il corpo che spinge viene respinto con uguale forza nella direzione opposta.

136 **La luce solare è incolore o bianca, quindi da dove vengono tutti i colori?** Newton capì che la luce solare contiene tutti i colori, mescolati. Lo dimostrò usando un prisma, un blocco triangolare di vetro.

◄ Quando la luce solare passa attraverso un prisma, i suoi raggi si piegano – ogni colore in misura diversa. Quando la luce emerge dal lato più lontano del prisma, si divide in uno spettro: tutti i colori dell'arcobaleno.

137 **Newton fu il primo scienziato moderno,** ma scrisse anche opere di alchimia, un incrocio tra scienza, magia e astrologia. Gli alchimisti volevano trovare la pietra filosofale (una sostanza in grado di trasformare il metallo in oro) e l'elisir di lunga vita (un liquido in grado di preservare la giovinezza). Scrivevano in codice per mantenere segreto il loro lavoro, per questo i quaderni di Newton sono impossibili da decifrare.

I segreti della natura

138 Oggi, tutti gli esseri viventi sono organizzati in gruppi chiari, grazie al biologo Carlo Linneo. Prima, gli animali e le piante erano elencati al massimo in ordine alfabetico. Poiché le creature hanno nomi diversi in luoghi diversi, si creò una grande confusione.

PARTI DI UNA PIANTA IN FIORE

▲ Linneo si rese conto che le piante da fiore possono essere classificate in base alla forma delle loro parti maschili e femminili.

Carlo Linneo, 1707–1778

139 Linneo diede a tutte le specie un nome scientifico in latino composto da due parti. La prima è il gruppo a cui appartiene, la seconda è un nome individuale (come il tuo nome e il tuo cognome, ma con il cognome per primo). Per esempio, il coniglio delle paludi si chiama *Sylvilagus aquaticus*.

James Hutton, 1726–1797

▲ Un'eruzione vulcanica è un evento naturale breve e intenso. James Hutton concluse che il paesaggio è modellato principalmente da forze più graduali, come il fluire dei fiumi.

140 Una volta si pensava che la Terra avesse solo poche migliaia di anni e che l'intero paesaggio fosse stato modellato da poche catastrofi improvvise. Ma nel suo libro *Teoria della Terra*, pubblicato nel 1788, James Hutton mostrò come la Terra fosse stata modellata nel corso di milioni di anni da forze più blande, come l'erosione dei fiumi.

FOSSILE FATTO IN CASA

Crea il tuo fossile premendo un guscio di lumaca o un vecchio osso nella sabbia fine ben compressa. Togli il guscio o l'osso, poi versa del gesso liquido o dello stucco per pareti nello stampo rimasto. Lascia indurire il calco e poi dissotterra il tuo fossile!

Charles Lyell,
1797–1875

▲ *I primi fossili di dinosauro sono stati scoperti nella roccia quando Lyell era in vita.*

141 **Charles Lyell dimostrò** che le rocce raccontano la storia del passato della Terra. Gli strati di roccia si formano uno sopra l'altro nel tempo e possono essere letti da un geologo come le pagine di un libro. Contengono fossili, cioè resti di esseri viventi trasformati in pietra, delle creature che esistevano quando si è formato ogni strato.

▲ Mary Anning scoprì i fossili di un rettile gigante in grado di nuotare, un plesiosauro, simile a questo.

Mary Anning,
1799–1847

142 **Mary Anning andava a caccia di fossili sulle rive di Lyme Regis, in Inghilterra, uno dei siti più ricchi di fossili al mondo.** All'età di 12 anni, trovò lo scheletro di un ittiosauro, una creatura a forma di delfino del tempo dei dinosauri – anche se nessuno li conosceva a quel tempo. Trovò anche i primi fossili di un rettile gigante in grado di nuotare, il *plesiosauro*, e i primi rettili volanti, gli pterosauri.

William Buckland,
1784–1856

143 **Nel 1824, William Buckland fece la prima descrizione scientifica** di un fossile di dinosauro, il ***Megalosaurus.*** Questo carnivoro era lungo 9 metri e pesava quanto un elefante. La gente non credeva che fossero esistite simili creature, ma presto vennero trovati altri fossili.

▶ Buckland scelse il nome *Megalosaurus* nel 1824. Il termine "dinosauro" fu coniato solo nel 1842.

Questione di chimica

Robert Boyle, 1627–1691

▲ La legge di Boyle mostra che la pressione dei gas nella tuta e nel corpo di un sub aumenta man mano che scende in profondità, a causa del peso dell'acqua.

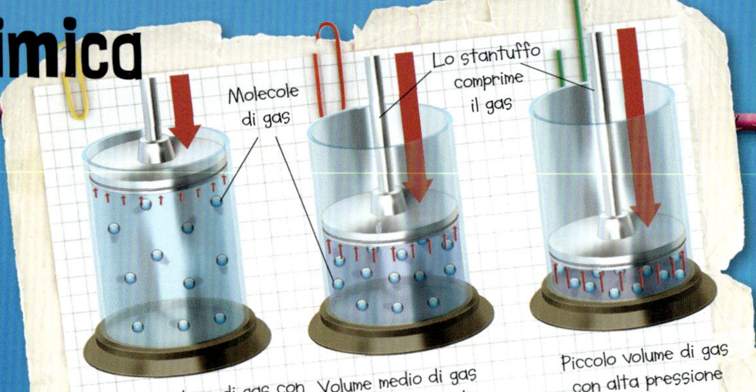

▲ Quando un gas viene compresso, la pressione aumenta in proporzione. Più il gas viene compresso, maggiore è la pressione.

144 **Robert Boyle fu il primo grande** chimico dei tempi moderni. Con la legge di Boyle, dimostrò che quando un gas viene compresso la sua pressione aumenta in proporzione. Suggerì anche che tutto è composto da sostanze chimiche di base o "elementi", che possono unirsi in modi diversi.

145 **Una volta si credeva che l'aria non fosse una sostanza.** Ma Antoine Lavoisier si rese conto che le sostanze possono esistere in tre stati diversi – solido, liquido e gassoso – e se i gas sono sostanze, allora anche l'aria lo è. Scoprì che l'aria è una miscela di gas, soprattutto azoto e ossigeno.

146 **Gli scienziati pensavano che tutto ciò che brucia contenesse una** sostanza chiamata flogisto. Credevano che quando qualcosa bruciava perdeva flogisto. Lavoisier scoprì con un'attenta pesatura che lo stagno aumenta di peso quando brucia, perché prende ossigeno. Quindi il flogisto non esisteva. Lavoisier aveva dimostrato l'importanza di una misurazione accurata.

▼ Lavoisier dimostrò che, come gli elementi solidi, due gas possono unirsi per creare una nuova sostanza, o composto. Qui sta compiendo esperimenti con idrogeno e ossigeno per produrre acqua.

Antoine Lavoisier, 1743–1794

Cobalto
Co

Rame
Cu

Molibdeno
Mo

Tungsteno
W

Alluminio
Al

Antinomio
Sb

▲▶ I minerali spesso si trovano all'interno delle rocce. Ognuno di questi minerali contiene un metallo particolare. I simboli chimici mostrati qui identificano ogni metallo.

147

Nel 1787, Lavoisier introdusse dei simboli per i diversi elementi chimici. Per questo l'ossigeno è indicato con "O" e l'idrogeno con "H". Lavoisier conosceva meno di 40 elementi. Oggi, i chimici usano formule per identificare i composti e la miscela di elementi di cui sono formati. Per esempio, l'acqua ha il simbolo chimico H_2O. Questo significa che ha due atomi di idrogeno (H) per uno di ossigeno (O).

Mercurio
Hg

John Dalton, 1766–1844

148

Il chimico John Dalton si rese conto che gli elementi sono composti da particelle solide chiamate atomi. Ogni elemento è formato da atomi di un certo peso. Notò che l'idrogeno era il più leggero, così gli assegnò un "peso atomico" di 1. La teoria atomica degli elementi di Dalton è centrale per la chimica.

149

Nel 1869, Dmitri Mendeleyev dispose gli elementi in una tabella in ordine di peso atomico. Li ordinò da sinistra a destra in file o "periodi" di sette elementi che rivelavano uno schema. Gli elementi nella stessa colonna (dall'alto in basso) hanno proprietà simili. Tutti gli elementi a un'estremità di ogni fila sono metalli reattivi, mentre quelli all'altra sono gas non reattivi.

▶ Nella tavola periodica gli elementi sono disposti in file chiamate periodi. Il mercurio è il numero 80, nella fila 6.

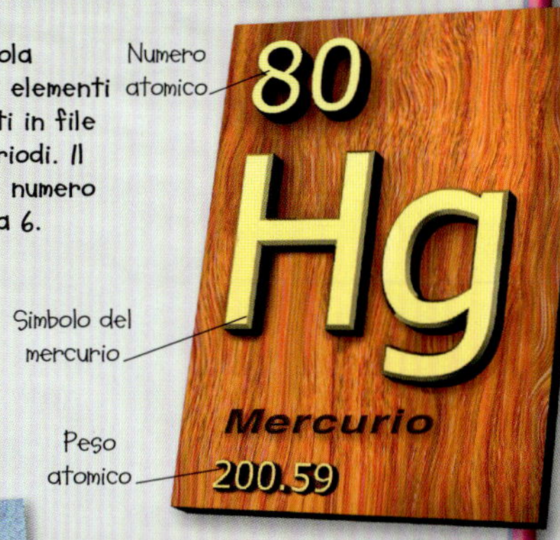

Dmitri Mendeleyev 1834–1907

Scintille di genio

150 **Nel 1700, gli scienziati** scoprirono che strofinando gli oggetti insieme si può ottenere una carica elettrica e creare una scintilla. Benjamin Franklin si chiedeva se anche i fulmini fossero fatti di elettricità. Fissò una chiave alla corda di un aquilone, che fece volare durante un temporale, e notò una scintilla provenire dalla chiave.

▼ Franklin vide una scintilla toccando la chiave legata alla coda dell'aquilone, dimostrando che il fulmine conteneva elettricità.

Benjamin Franklin, 1706–1790

Luigi Galvani, 1737–1798

151 **Luigi Galvani fece muovere le zampe di una rana morta con l'elettricità.** Credeva, erroneamente, che l'elettricità fosse prodotta dal corpo degli animali. Alessandro Volta riteneva che questa fosse solo una reazione chimica. Nel 1800, utilizzò la reazione tra strati di dischi in rame e zinco immersi in acqua salata per creare una batteria.

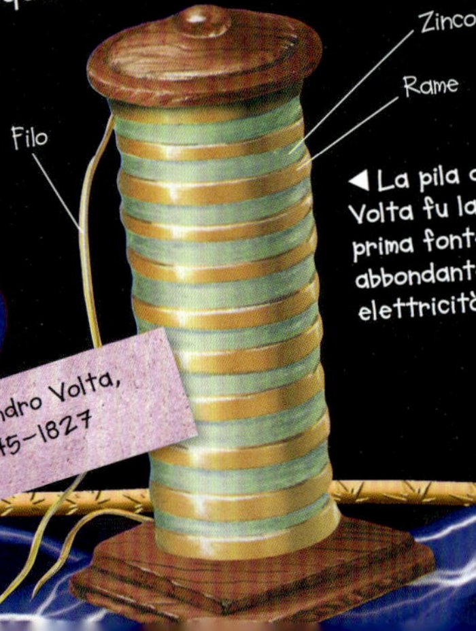

◀ La pila di Volta fu la prima fonte abbondante di elettricità.

Alessandro Volta, 1745–1827

Hans Christiaan Ørsted, 1777–1851

152 **Nessuno si rese conto che l'elettricità e il magnetismo erano** collegati fino a quando il fisico Hans Ørsted notò qualcosa di strano. Durante una conferenza nel 1820, osservò che quando una corrente elettrica veniva accesa e spenta, l'ago di una bussola vicina oscillava. Continuò a confermare con esperimenti che una corrente elettrica crea un campo magnetico intorno. Questo fenomeno si chiama elettromagnetismo.

Michael Faraday, 1791–1867

153 Michael Faraday era affascinato dalla scoperta di Ørsted.

L'anno seguente mostrò come l'interazione tra un magnete e una corrente elettrica può far muovere un filo. Faraday e altri utilizzarono poi quella scoperta per creare i primi motori elettrici.

▼ Faraday scoprì che posizionando un filo vicino a un magnete, in esso si genera una corrente elettrica.

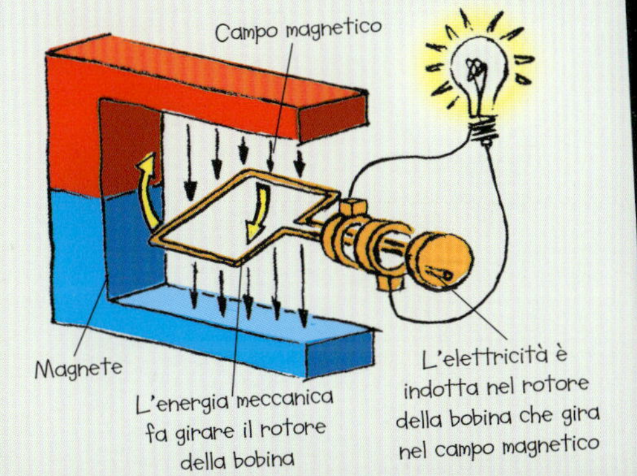

QUIZ

1. Di cosa è fatto un fulmine?
2. Da chi prendono il nome i volt?
3. Cos'è un campo magnetico?
4. Chi ha inventato i generatori elettrici oltre a Joseph Henry?

Risposte
1. Elettricità 2. Alessandro Volta 3. L'area magnetica intorno a un magnete 4. Michael Faraday

Joseph Henry, 797–1878

154 Nel 1830, Faraday a Londra e Joseph Henry a

New York scoprirono che i magneti creano elettricità. Quando un magnete viene posizionato vicino a un circuito elettrico, si genera elettricità. Sfruttando questa idea, era possibile costruire macchine per generare molta elettricità.

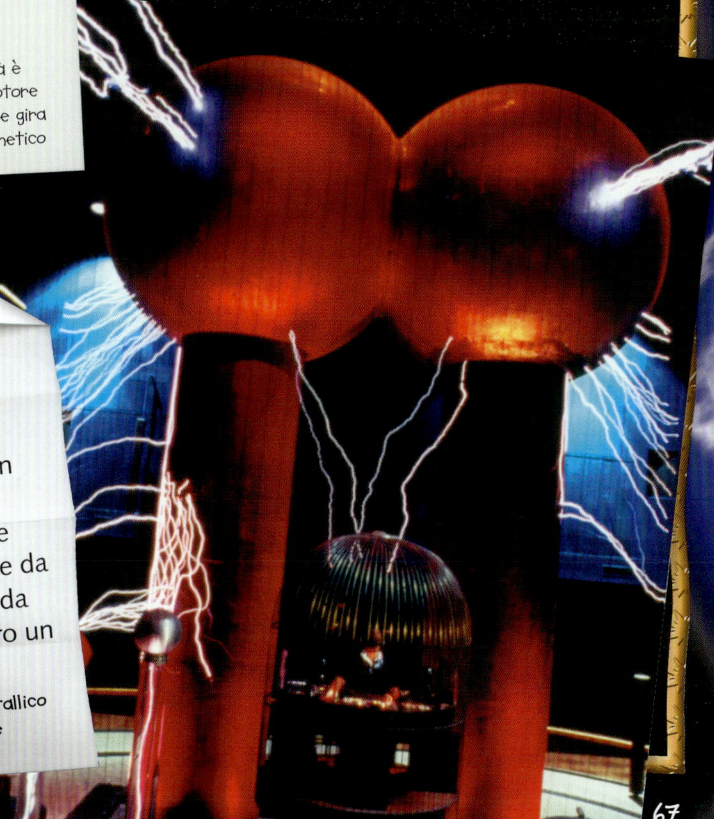

155 Gli esperimenti di Faraday con l'elettricità lo

convinsero che tutti i tipi di elettricità erano fondamentalmente uguali. Non importava se erano prodotti naturalmente nell'atmosfera terrestre sotto forma di fulmini, artificialmente da reazioni chimiche in una batteria, o da una bobina di rame che ruota dentro un campo magnetico.

▶ Faraday mostrò come una gabbia di filo metallico (detta gabbia di Faraday) potesse bloccare le scariche elettriche e proteggere dai fulmini.

La storia della vita

Charles Darwin, 1809–1882

156 **Nel 1830, Charles Darwin partì** per un viaggio intorno al mondo sulla nave HMS Beagle. Il viaggio durò cinque anni e toccò luoghi come le isole Galápagos nel Pacifico. Darwin registrò l'enorme varietà di fauna selvatica che vide, gettando le basi per la teoria dell'evoluzione.

157 **L'idea di Darwin era che l'evoluzione** (il cambiamento graduale delle specie nel tempo) avvenisse attraverso la "selezione naturale". Gli organismi nascono tutti leggermente diversi. Quelli nati con differenze in grado di aiutarli ad affrontare meglio le condizioni esterne hanno più probabilità d sopravvivere e di riprodursi. La loro differenza speciale è "selezionata naturalmente" e trasmessa, mentre gli altr esemplari si estinguono.

▼ Isolate dalla terraferma e l'una dall'altra, le isole Galápagos ospitavano una varietà unica di creature, che aiutarono Darwin a sviluppare le sue idee.

▲ Forse l'esempio più famoso di Darwin di selezione naturale è il fringuello delle Galápagos. Ogni specie aveva sviluppato una forma di becco unica per adattarsi a cibi diversi.

I cormorani su queste isole remote hanno perso la capacità di volare

Ogni isola ha sviluppato il proprio tipo di tartaruga gigante

Le foche da pelliccia autoctone non si allontanano mai dalle coste delle Galápagos

158 Darwin lavorò alla sua idea per 20 anni.

Darwin lavorò alla sua idea per 20 anni. I naturalisti gli mandavano osservazioni e riceveva lettere da allevatori di animali, che dicevano di poter far emergere determinate caratteristiche selezionando gli animali giusti da far riprodurre. Ecco perché ci sono così tante razze diverse di cani.

▲ Darwin concluse che gli esseri umani e le scimmie, come gli scimpanzé, i gorilla e gli oranghi, condividono un antenato comune.

159

Nel 1858, Alfred Russel Wallace inviò a Darwin una lettera in cui suggeriva, come Darwin, che l'evoluzione avvenisse per selezione naturale. Decisero di pubblicare le loro idee insieme, quindi alcuni ritengono che fu anche merito di Wallace. Ma Darwin aveva già trascorso 20 anni a lavorare sui dettagli. Nel 1859 Darwin raccontò al mondo la sua teoria nel libro *L'origine delle specie*.

Alfred Russel Wallace, 823–1913

160

Alcuni religiosi erano turbati dalle idee di Darwin. Credevano che tutte le specie fossero state create contemporaneamente da Dio. A loro non piaceva l'idea che gli esseri umani si fossero evoluti dalle scimmie. Le polemiche alla fine si spensero, e la teoria di Darwin è oggi ampiamente accettata.

▼ A causa della selezione naturale, le falene pezzate di colore chiaro si stanno estinguendo. Gli esemplari più scuri, che si nascondono meglio sugli alberi resi scuri dall'inquinamento, sono più comuni.

Falena più scura: diffusa

Falena più chiara: in estinzione

L'importanza dell'igiene

Edward Jenner, 1749-1823

▲ Iniettando al figlio del suo giardiniere il vaiolo bovino, Edward Jenner aveva fatto il primo passo per eliminare il vaiolo, una malattia mortale.

161 **Le persone sopravvissute** al vaiolo diventavano immuni a un secondo attacco: il loro organismo resisteva all'infezione. Il dottor Edward Jenner iniettò al figlio del suo giardiniere il vaiolo bovino, una malattia più lieve, per vedere se forniva la stessa immunità. E fu proprio così.

Ignaz Semmelweis, 1818-1865

162 **Prima del 1850, nessuno sapeva** che la scarsa igiene negli ospedali potesse diffondere germi assassini. Innumerevoli pazienti morivano di infezioni. Il dottor Ignaz Semmelweis chiese agli studenti di lavarsi le mani prima di visitare i pazienti. Quel semplice atto di igiene contribuì a ridurre il numero di morti.

163 **Il chirurgo Joseph Lister introdusse il sapone nelle** sue operazioni per mantenere pulite le attrezzature chirurgiche. L'igiene ridusse drasticamente le infezioni durante gli interventi, e le tecniche antisettiche sono ora una parte vitale di ogni operazione.

◀ Lister inventò lo spray fenolo per limitare le infezioni durante gli interventi chirurgici.

Joseph Lister, 1827-1912

164 L'idea che i germi causino le malattie esiste da oltre 400 anni. Ma fu Louis Pasteur che, con Robert Koch, osservò tale legame intorno al 1870. I due mostrarono che l'antrace, una malattia delle pecore, era diffusa dai batteri.

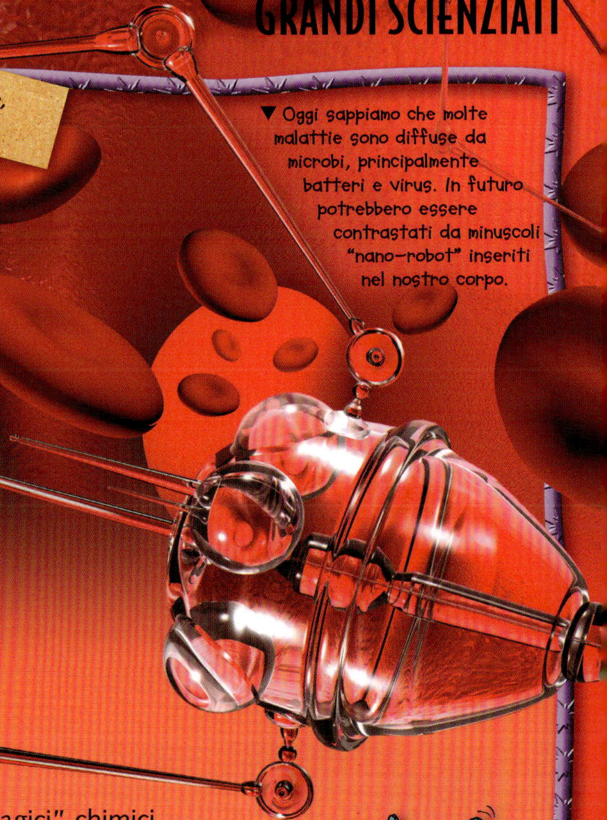

▼ Oggi sappiamo che molte malattie sono diffuse da microbi, principalmente batteri e virus. In futuro potrebbero essere contrastati da minuscoli "nano-robot" inseriti nel nostro corpo.

165 Paul Ehrlich credeva che le malattie potessero essere curate colpendo i germi con "proiettili magici" chimici. Lui e lo studente Sahachiro Hato cercarono una sostanza chimica in grado di uccidere i batteri che causavano la sifilide. Una sostanza chiamata arsfenamina eliminò il germe della sifilide lasciando il paziente quasi illeso.

166 Nel 1928, Alexander Fleming colse un indizio che portò allo sviluppo degli antibiotici, farmaci miracolosi. Stava coltivando dei batteri in alcune piastre nel suo laboratorio, quando vide che la muffa che cresceva su una piastra trascurata aveva ucciso i batteri. Fleming si rese conto che la muffa, chiamata *Penicillium notatum* poteva essere sfruttata per combattere le malattie.

◀ Dieci anni dopo la scoperta di Fleming di una muffa in grado di uccidere i batteri, Howard Florey (1898–1968) e Ernst Chain (1906-1977) crearono il primo farmaco antibiotico: la penicillina.

Raggi pericolosi

Heinrich Hertz, 1857-1894

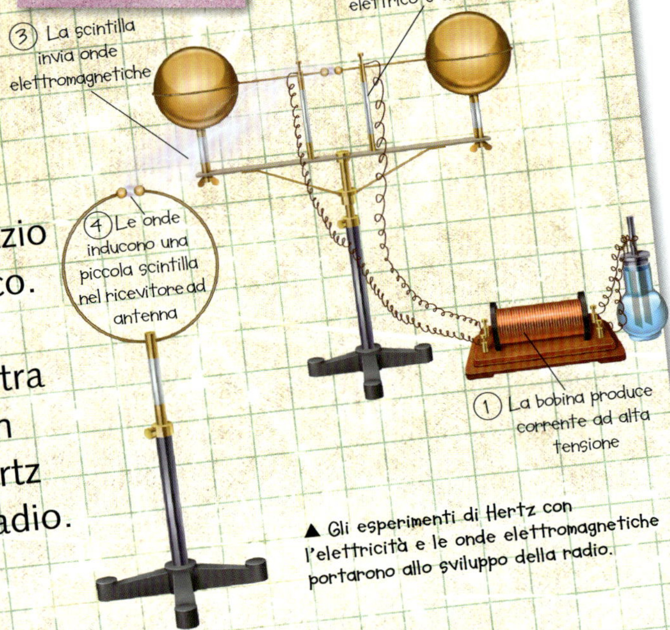

167 **Nel 1886, Heinrich Hertz dimostrò che una corrente** elettromagnetica si propaga sotto forma di onde. Fece saltare una scintilla elettrica in uno spazio vuoto in un circuito elettrico. La scintilla irradiava delle onde che attivavano un'altra scintilla sincronizzata in un ricevitore ad antenna. Hertz aveva scoperto le onde radio.

▲ Gli esperimenti di Hertz con l'elettricità e le onde elettromagnetiche portarono allo sviluppo della radio.

NON CI CREDO!

Prima che la gente si rendesse conto di quanto fosse pericoloso, il radio veniva aggiunto a prodotti come dentifrici e creme per capelli per ottenere più luminosità.

▼ Ora sappiamo che i raggi catodici nel tubo di vetro di Crookes erano in realtà costituiti da minuscole particelle elettriche.

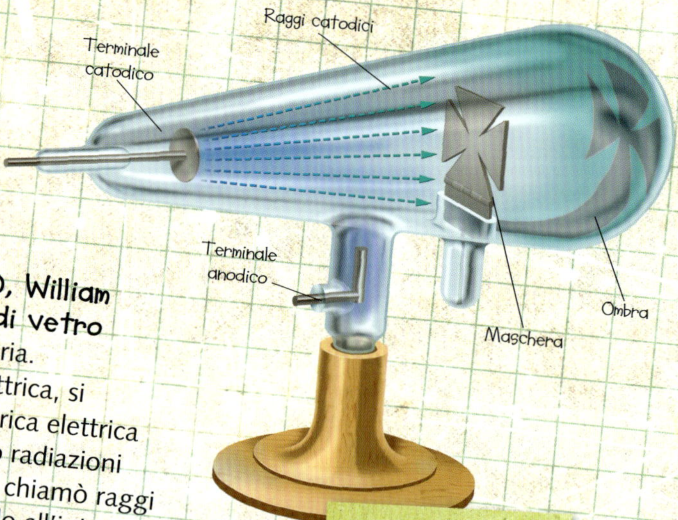

William Crookes, 1832-1919

168 **Intorno al 1870, William Crookes realizzò un tubo di vetro** quasi completamente privo d'aria. Se collegato a una corrente elettrica, si illuminava. Questo perché la carica elettrica scorreva tra i terminali, inviando radiazioni elettromagnetiche, che Crookes chiamò raggi catodici. Una maschera di metallo all'interno del tubo proiettava un'ombra, mostrando che i raggi viaggiavano in linea retta.

Wilhelm Röntgen, 1845-1923

169 **Nel 1895, Wilhelm Röntgen scoprì** che anche coprendo un tubo di Crookes, i suoi raggi facevano comunque brillare uno schermo vicino. Provò a mettere altri oggetti davanti ai raggi (che lui chiamò raggi X) e alla fine mise la mano di sua moglie. I raggi attraversavano la carne, ma venivano bloccati dalle ossa. Röntgen sostituì lo schermo con una lastra fotografica e scattò la prima foto a raggi X della mano di sua moglie.

▼ Oltre alle ossa, Röntgen scoprì che i raggi X erano bloccati dal metallo dei gioielli e da una bussola!

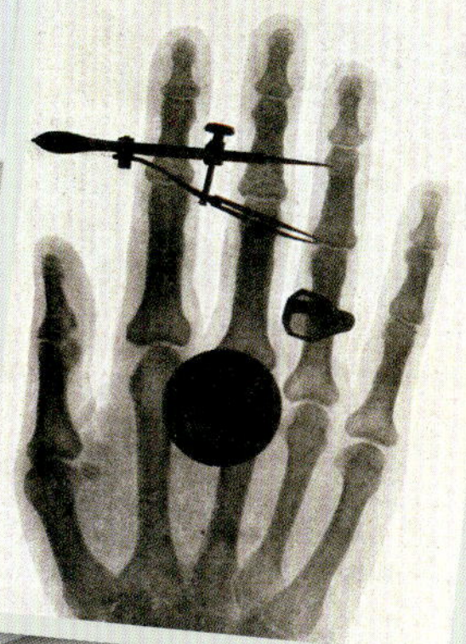

Henri Becquerel 1852-1908

170 **Henri Becquerel trovò delle foto** ottenute dai cristalli di uranio lasciati su una lastra fotografica in un cassetto. I cristalli avevano rilasciato o "irradiato" la propria energia. Aveva scoperto la radioattività – una radiazione così potente da rompere gli atomi. Questo tipo di radiazione è molto diverso dalla radiazione elettromagnetica e viene usato per creare bombe atomiche.

◀ Marie Curie fu la prima donna a ricevere un premio Nobel, nel 1903 per la fisica. Venne premiata di nuovo, questa volta per la chimica, nel 1911.

Pierre Curie 1859-1906

171 **Pierre e Marie Curie erano affascinati dalla radioattività.** Scoprirono due nuovi elementi radioattivi, il radio e il polonio. Nel 1903, ricevettero il premio Nobel per il loro lavoro. Marie Curie morì per un cancro causato dall'esposizione alla radioattività.

Marie Curie, 1867-1934

Scienza atomica

Joseph John (JJ) Thomson,
1856-1940

172 Un tempo gli scienziati pensavano che gli atomi fossero le particelle più piccole. Nel 1897, J.J. Thomson notò come i magneti piegavano i raggi provenienti da un tubo a raggi catodici. Capì che i raggi erano flussi di particelle, molto più piccole di un atomo. Thomson credeva erroneamente che queste particelle (elettroni) si disperdessero dagli atomi come l'uvetta in un panettone.

Ernest Rutherford,
1871-1937

173 **Ernest Rutherford scoprì che la** radioattività è il risultato della rottura degli atomi in atomi diversi, che comporta l'invio di flussi di particelle "alfa" e "beta". Nel 1911, sparò flussi di particelle alfa su una lamina d'oro. La maggior parte attraversò la lamina, ma alcuni rimbalzarono, spinti dai nuclei degli atomi della lamina d'oro. Si rese conto che gli atomi non sono solidi, ma che corrispondono in gran parte a uno spazio vuoto con un nucleo piccolo e denso.

Fortunatamente, tutte le esplosioni nucleari effettuate in seguito all'attacco al Giappone nel 1945 sono state dei test.

174 **Nel 1912, Niels Bohr suggerì che diversi tipi di atomi contengono un certo numero di elettroni.** Pensava che orbitassero intorno al nucleo di un atomo a distanze variabili, come i pianeti intorno al Sole. Gli atomi emettono luce e perdono energia quando gli elettroni si avvicinano al nucleo. Quando gli atomi assorbono la luce, gli elettroni si allontanano.

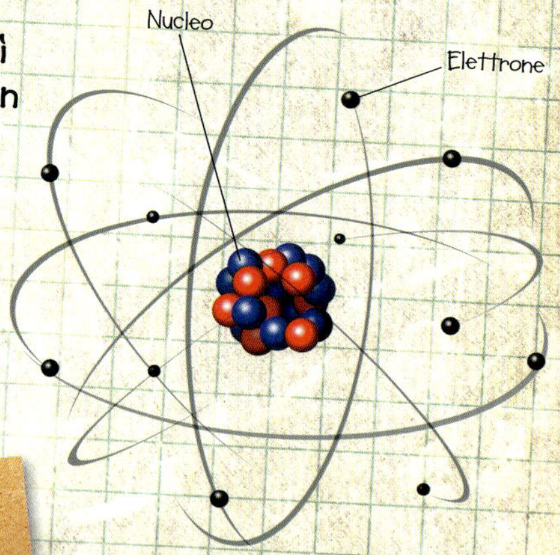

▶ Oggi sappiamo che gli elettroni sono più simili a nuvole sfocate di energia piuttosto che a pianeti.

Niels Bohr,
1885-1962

James Chadwic, 1891-1974

175 **Nel 1918 Rutherford divise gli atomi per la** prima volta. Sparò particelle alfa sull'azoto gassoso e scoprì che i nuclei di idrogeno si staccavano dai nuclei di azoto. Si rese conto che tutti i nuclei atomici sono ammassi di nuclei di idrogeno, che chiamò protoni. Quattordici anni dopo, James Chadwick scoprì che i nuclei hanno anche un altro tipo di particella nel nucleo: il neutrone.

176 **Enrico Fermi sparò dei neutroni su un** atomo di uranio, per vedere se si sarebbero attaccati per formare un atomo più grande. L'atomo si divise in due atomi più piccoli e rilasciò più neutroni, energia termica e luminosa. Fermi capì che se i neutroni si staccavano per dividere altri atomi di uranio, si formava una vera e propria "reazione a catena".

Enrico Fermi 1901-1954

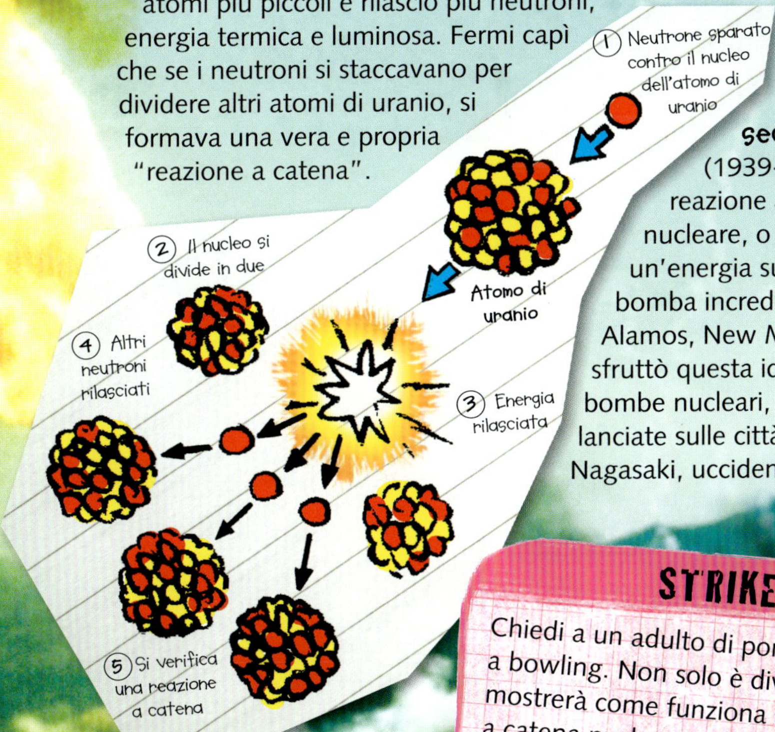

▲ Enrico Fermi dimostrò che una reazione a catena di scissione atomica poteva iniziare con l'impatto di un solo neutrone.

177 **Durante la seconda guerra mondiale** (1939-1945) Fermi creò una reazione a catena di scissione nucleare, o "fissione". Ciò liberava un'energia sufficiente a creare una bomba incredibilmente potente. A Los Alamos, New Mexico, Robert Oppenheimer sfruttò questa idea per realizzare le prime bombe nucleari, che nell'agosto 1945 furono lanciate sulle città giapponesi di Hiroshima e Nagasaki, uccidendo oltre 200000 persone.

Robert Oppenheimer, 1904-1967

STRIKE!

Chiedi a un adulto di portarti a giocare a bowling. Non solo è divertente, ma ti mostrerà come funziona una reazione a catena nucleare, specialmente se riuscirai a fare strike. La palla può colpire solo un birillo direttamente, ma quando quest'ultimo cade, può abbattere anche tutti gli altri.

Stranezze di spazio e temp

Max Planck
1858-1947

178 **Nel 1900, Max Planck** scoprì che il calore non si irradia con un flusso regolare, ma in piccoli pezzi di energia che chiamò quanti. Albert Einstein capì che tutte le radiazioni funzionano così e che i pezzi di energia sono particelle. Un raggio di luce è quindi un flusso di particelle, non solo di onde, come tutti pensavano.

Albert Einstein
1879-1955

▲ Con le sue teorie della relatività, Einstein rovesciò la nostra comprensione della natura del tempo e dello spazio.

VERO O FALSO?

1. Un raggio di luce è composto da particelle.
2. La velocità della luce può variare.
3. La gravità piega lo spazio e il tempo.
4. La teoria di Paul Dirac prese il nome di motori quantistici.

Risposte
1. Vero 2. Falso, non cambia 3. Vero 4. Falso, si chiamava meccanica quantistica

179 **La velocità si misura sempre** rispetto a qualcosa, quindi la velocità di un corpo varia a seconda di ciò con cui lo si confronta. Nel 1887, Einstein dimostrò che la luce è speciale: viaggia alla stessa velocità indipendentemente da come la si misura. La velocità è la distanza coperta da qualcosa che si muove nello spazio in un certo tempo. Einstein si rese conto che, se la velocità della luce è fissa, il tempo e lo spazio devono ...iare: non sono fissi, ma relativi e ...i. Questa è la teoria

180 **La teoria della relatività speciale di Einstein postula** effetti sulle cose che viaggiano vicino alla velocità della luce. Per esempio, il tempo a bordo di un veicolo spaziale che viaggiasse vicino alla velocità della luce scorrerebbe più lento, e il veicolo spaziale si ridurrebbe in lunghezza e diventerebbe più pesante.

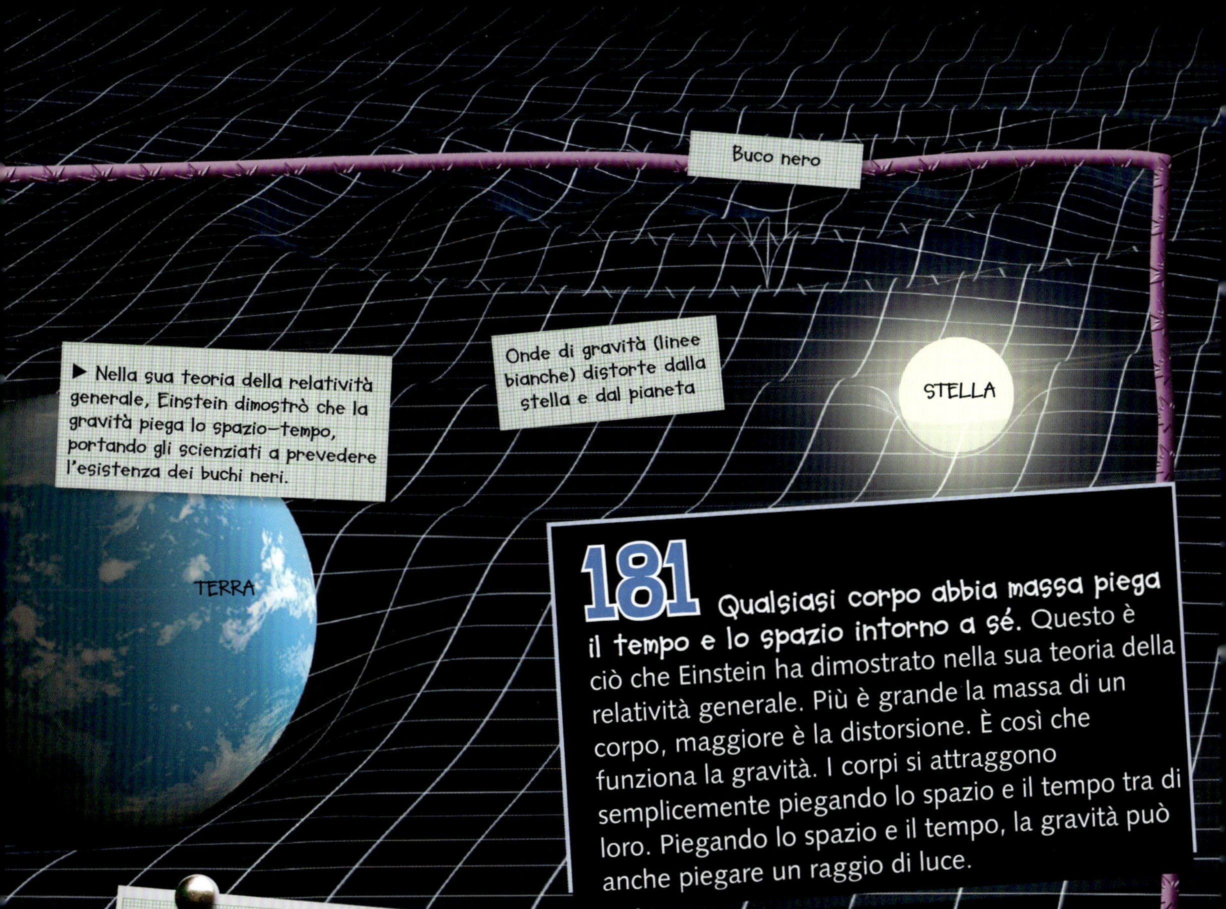

▶ Nella sua teoria della relatività generale, Einstein dimostrò che la gravità piega lo spazio–tempo, portando gli scienziati a prevedere l'esistenza dei buchi neri.

181

Qualsiasi corpo abbia massa piega il tempo e lo spazio intorno a sé. Questo è ciò che Einstein ha dimostrato nella sua teoria della relatività generale. Più è grande la massa di un corpo, maggiore è la distorsione. È così che funziona la gravità. I corpi si attraggono semplicemente piegando lo spazio e il tempo tra di loro. Piegando lo spazio e il tempo, la gravità può anche piegare un raggio di luce.

182

Negli anni Venti, gli scienziati scoprirono che piccole particelle, i quanti, non si comportavano secondo le leggi di Newton. Paul Dirac elaborò una nuova teoria, chiamata meccanica quantistica, che combinò con la teoria della relatività speciale di Einstein. Dirac riuscì così a spiegare le proprietà e il comportamento dei quanti.

Paul Dirac, 1902-1984

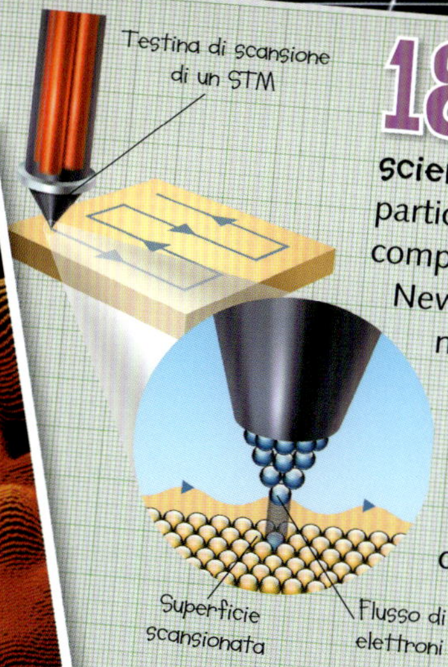

▲ La meccanica quantistica è usata nella tecnologia moderna, come i microscopi a effetto tunnel. Questi microscopi sfruttano flussi di minuscoli elettroni per creare immagini 3D delle superfici atomiche.

▼ Un microscopio a effetto tunnel (STM) può ingrandire gli atomi, come in questo campione di DNA.

Gli osservatori delle stelle

Henrietta Swan Leavitt, 1868–1921

▶ Henrietta Leavitt scoprì che le stelle cefeidi più luminose impiegano più tempo a variare.

183 **Un secolo fa, gli astronomi** iniziarono a chiedersi se le deboli nuvole nello spazio chiamate nebulose fossero in realtà galassie lontane. Ma le stelle al loro interno erano davvero fioche o solo lontane? Per scoprirlo, cercarono stelle di luminosità variabile chiamate cefeidi. Quelle a lenta variazione sono luminose, quindi se sembrano fioche, devono essere molto lontane.

▶ Andromeda è stata la prima galassia identificata utilizzando le cefeidi.

184 **Nel 1923, Edwin** Hubble individuò una cefeide nella nebulosa di Andromeda. Serviva un mese per variarne la luminosità, quindi secondo la scala di Leavitt, doveva essere 7000 volte più luminosa del Sole e distante un milione di trilioni di km. Andromeda era forse una galassia separata? Oggi sappiamo che è solo una tra i circa 500 miliardi di galassie!

Edwin Hubble, 1889–1953

▲ Edwin Hubble mentre osserva dal telescopio di Mount Wilson in California, negli Stati Uniti.

185 **Nel 1931, Hubble scoprì che più le galassie sono lontane, più sono rosse.** Sono "orientate verso il rosso" perché le onde luminose sono allungate dietro un corpo che si sta allontanando da noi, proprio come il suono si abbassa di tono dopo che un'auto ci è passata davanti. Quindi, più una galassia è lontana dalla Terra, più velocemente si allontana da noi.

186 **Se le galassie oggi si allontanano** velocemente, significa che in passato erano più vicine. Per questo diciamo che l'Universo è in espansione. Negli anni Venti, Alexander Friedmann e Georges Lemaître suggerirono che l'Universo era solo un piccolo puntino, gonfiatosi come in una gigantesca esplosione. Questo evento, solo supposto, fu chiamato Big Bang.

187 **Anche se la teoria** del Big Bang prese piede, non c'erano molte prove. In seguito, Arno Penzias e Robert Wilson captarono un debole ronzio di segnali radio da tutto il cielo. Gli astronomi ritengono che quel ronzio, chiamato radiazione cosmica di fondo, sia il debole bagliore che resta del Big Bang.

Robert Woodrow Wilson, 1936

Arno Penzias, 1933

Alexander Friedmann, 1888-1925

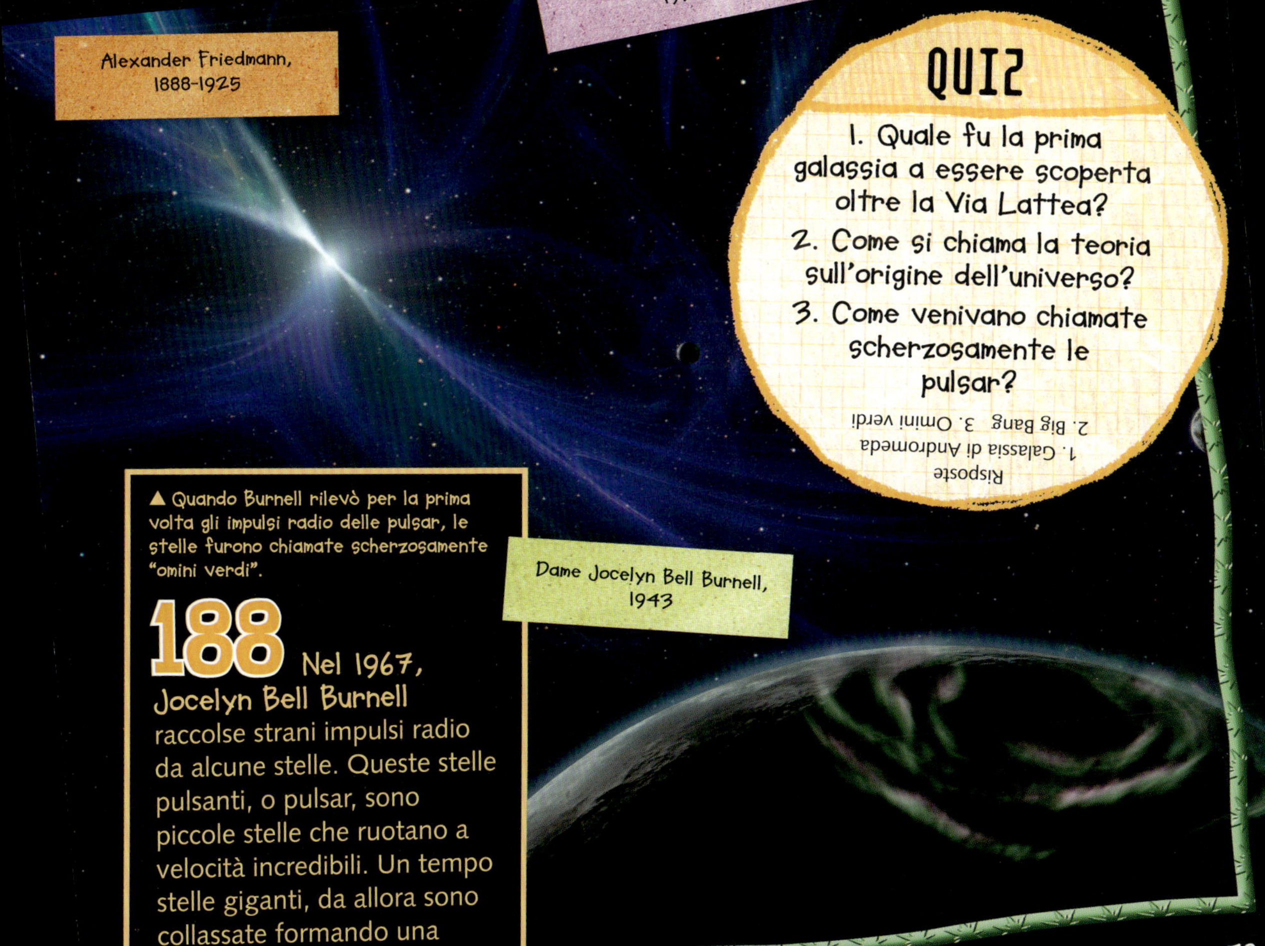

QUIZ

1. Quale fu la prima galassia a essere scoperta oltre la Via Lattea?
2. Come si chiama la teoria sull'origine dell'universo?
3. Come venivano chiamate scherzosamente le pulsar?

Risposte
1. Galassia di Andromeda
2. Big Bang 3. Omini verdi

▲ Quando Burnell rilevò per la prima volta gli impulsi radio delle pulsar, le stelle furono chiamate scherzosamente "omini verdi".

Dame Jocelyn Bell Burnell, 1943

188 **Nel 1967, Jocelyn Bell Burnell** raccolse strani impulsi radio da alcune stelle. Queste stelle pulsanti, o pulsar, sono piccole stelle che ruotano a velocità incredibili. Un tempo stelle giganti, da allora sono collassate formando una stella superdensa di pochi km di diametro.

La sequenza della vita

Gregor Mendel, 1822-1884

189 **Gregor Mendel voleva sapere perché alcuni esseri viventi assomigliano ai loro genitori mentre altri sono diversi.** Intorno al 1860, fece esperimenti con i fiori di pisello e il loro polline per vedere quali davano piselli verdi e quali gialli. Caratteristiche come il colore, suggerì, vengono trasmesse ai discendenti da fattori che ora chiamiamo geni.

▼ I cromosomi sono i fasci di DNA a forma di X presenti nel nucleo di una cellula vivente.

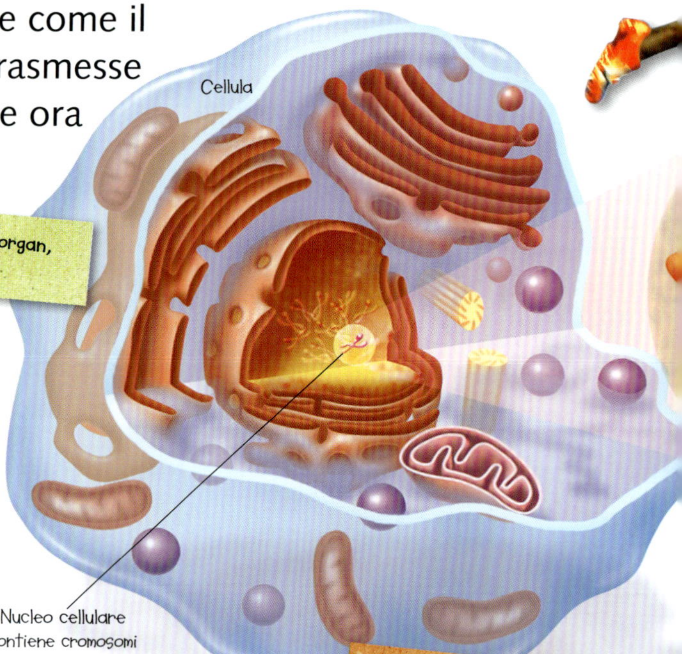

Thomas Hunt Morgan, 1866-1945

190 **Nel 1900, Thomas Hunt Morgan** fece esperimenti con i moscerini della frutta. Dimostrò che i geni sono collegati a piccoli fasci nelle cellule viventi chiamati cromosomi. Rimuovendo i materiali da una cellula batterica uno per uno, Oswald Avery trovò l'unico materiale necessario per trasmettere le caratteristiche: il DNA.

Oswald Avery, 1877-1955

Rosalind Franklin, 1920-1958

▲ Le caratteristiche di questo gruppo familiare sono evidenti e sono state trasmesse dal DNA.

191 **Gli scienziati pensavano che la** capacità del DNA di trasmettere caratteristiche risiedesse nella sua forma. Nel 1953, ispirati dai raggi X di Rosalind Franklin, Francis Crick e James Watson scoprirono che la molecola del DNA ha una forma a doppia elica (spirale). È come una scala di corda attorcigliata con due lunghi fili da una parte e dall'altra collegati da migliaia di "pioli".

James Watson, 1928

Francis Crick, 1916-2004

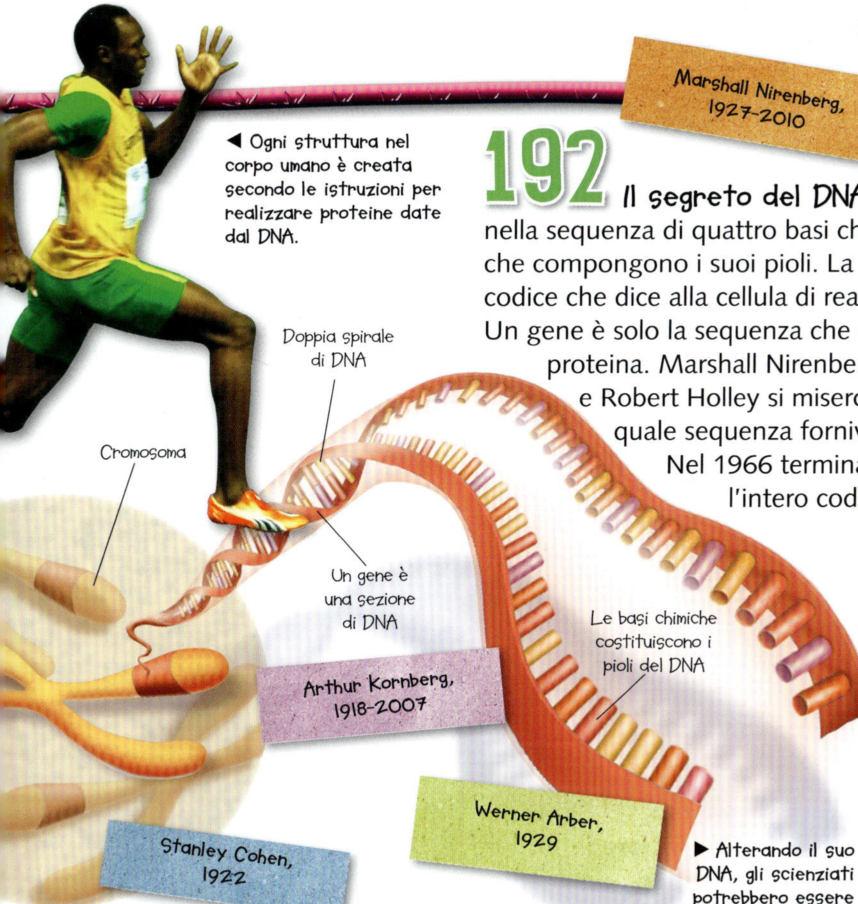

◀ Ogni struttura nel corpo umano è creata secondo le istruzioni per realizzare proteine date dal DNA.

Marshall Nirenberg, 1927-2010

Har Gobind Khorana, 1922-2011

Robert Holley, 1922-1993

Arthur Kornberg, 1918-2007

Werner Arber, 1929

Stanley Cohen, 1922

192

Il segreto del DNA sta nella sequenza di quattro basi chimiche che compongono i suoi pioli. La sequenza crea un codice che dice alla cellula di realizzare proteine diverse. Un gene è solo la sequenza che dà una particolare proteina. Marshall Nirenberg, Har Gobind Khorana e Robert Holley si misero al lavoro per scoprire quale sequenza forniva quale proteina. Nel 1966 terminarono di elaborare l'intero codice.

▶ Alterando il suo DNA, gli scienziati potrebbero essere in grado di "programmare" la zanzara che trasmette la malaria in modo da impedirle di riprodursi.

193

Negli anni Cinquanta, Arthur Kornberg e Werner Arber scoprirono come copiare, tagliare e incollare chimicamente segmenti di DNA. In seguito, Stanley Cohen mostrò come questo DNA riscritto potesse essere inserito nei batteri sfruttando piccoli frammenti di DNA chiamati plasmidi. Nel 1972, Cohen inserì plasmidi con DNA di rospo riscritto nei batteri per creare i primi organismi geneticamente modificati.

◀ I gemelli identici sono cloni naturali.

Ian Wilmut, 1944

194

La maggior parte degli animali eredita un mix del DNA di entrambi i genitori, ma il DNA dei cloni è esattamente lo stesso. La clonazione avviene naturalmente quando i batteri si dividono. Nel 1996, Ian Wilmut isolò il DNA di una pecora e lo inserì nell'uovo di un'altra per creare artificialmente il primo mammifero, la pecora Dolly.

Frontiere della scienza

Stephen Hawking, 1942-2018

Tim Berners-Lee, 1955

196 **Creando il World Wide Web nel 1989, Tim** Berners-Lee ha trasformato il nostro modo di comunicare. Il World Wide Web ha reso Internet accessibile a tutti, ovunque nel mondo. Funziona trasformando l'output del computer in pagine web leggibili e visualizzabili da qualsiasi computer.

▲ Hawking suggerì che il Big Bang poteva essere un buco nero invertito, che si espandeva da una singolarità.

195 **Il lavoro di** Stephen Hawking sui buchi neri ha cambiato la nostra comprensione dell'universo. I buchi neri sono luoghi in cui la gravità è così potente da attirare anche la luce. Al centro c'è un punto minuscolo chiamato singolarità.

Lene Vestergaard Hau, 1959

197 **La luce è la cosa più veloce** dell'universo. Eppure nel 2001 Lene Vestergaard Hau l'ha rallentata, fino a fermarla facendola brillare attraverso atomi di sodio in uno speciale stato freddo chiamato condensato di Bose-Einstein (BEC). In un BEC, gli atomi sono così inattivi che non c'è nulla con cui le particelle di luce possano interagire, costringendole così a rallentare.

Brian Greene, 1963

Michio Kaku, 1947

198 Brian Greene e Michio Kaku

Brian Greene e Michio Kaku stanno lavorando a una teoria che riunisce tutte le nostre idee sull'universo, la materia e l'energia. Ritengono che tutto sia composto di piccole stringhe di energia chiamate superstringhe. Proprio come una corda di violino può suonare note diverse, così una superstringa crea particelle vibrando in modi diversi.

▲ Nel 2010, Venter ha creato la prima cellula vivente realizzata dall'uomo.

Craig Venter, 1946

199 Craig Venter

Craig Venter è stato uno dei molti scienziati coinvolti nella mappatura dell'intera sequenza di geni nel DNA umano. Sta anche campionando gli oceani alla ricerca di microrganismi per capire quanto sia vario il DNA.

200 Forze come la radiazione elettromagnetica

Forze come la radiazione elettromagnetica sono trasmesse da minuscole particelle messaggere, i bosoni. Tuttavia, gli scienziati non sanno perché gli oggetti sono pesanti e hanno massa, e perché richiedano una forza per avanzare e fermarsi. Peter Higgs ha suggerito che ciò potrebbe essere dovuto a una particella misteriosa ora chiamata bosone di Higgs.

▼ Gli scienziati stanno cercando di trovare il bosone di Higgs sfruttando un'enorme macchina sotterranea al CERN in Svizzera, dove gli atomi vengono fatti scontrare a velocità incredibili.

Peter Higgs, 1929

QUIZ

1. Cosa troveresti al centro di un buco nero?
2. Qual è la velocità più bassa a cui può viaggiare la luce?
3. Dove si trova il CERN?

Risposte
1. Una singolarità 2. Un arresto completo 3. In Svizzera

IL CORPO UMANO

201 **Oggi sul nostro pianeta ci sono circa 8 miliardi di corpi umani.** Per certi aspetti, tutti i corpi umani sono molto simili. Ognuno ha un cuore e un cervello, ossa e visceri, braccia, gambe e pelle. Ma ogni corpo umano è unico. Hai un aspetto, una taglia, una forma, tratti del viso, acconciatura e vestiti che ti rendono speciale. Hai anche una tua personalità, attività che ti piacciono o meno, e cose che ti rendono felice o triste. Quindi i corpi umani possono essere molto simili nell'aspetto, ma non in ciò che fanno.

▲ Tendiamo a notare piccole differenze nell'esteriorità delle persone, come l'altezza, la stazza, il colore dei capelli e i vestiti. Questi tratti ci permettono di riconoscere la nostra famiglia e i nostri amici.

Lo sviluppo di un bambino

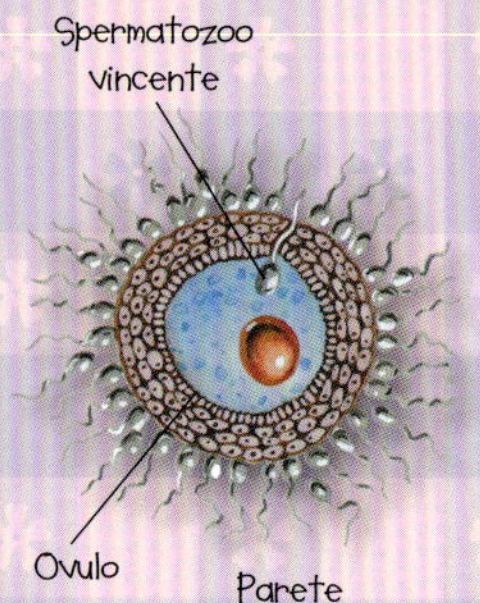

202 Un corpo umano adulto è fatto di miliardi di parti microscopiche, le cellule. Ma all'inizio, il corpo è una singola cellula, più piccola di questo punto. Eppure contiene tutte le istruzioni, i geni, per la crescita e lo sviluppo di tutto il corpo.

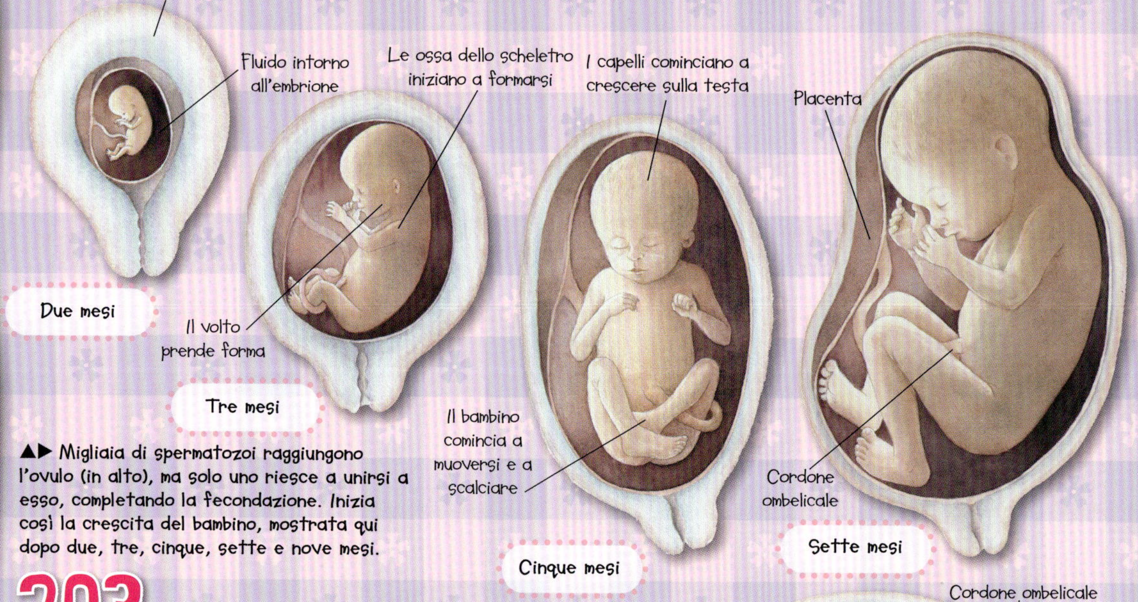

▲▶ Migliaia di spermatozoi raggiungono l'ovulo (in alto), ma solo uno riesce a unirsi a esso, completando la fecondazione. Inizia così la crescita del bambino, mostrata qui dopo due, tre, cinque, sette e nove mesi.

203 La fecondazione inizia quando un ovulo all'interno della madre si unisce allo sperma del padre. L'ovulo si divide in due cellule, poi in quattro, poi in otto e così via. Il gruppo di cellule si insedia nel grembo materno (utero), che lo protegge e lo nutre. Presto ci saranno migliaia di cellule, poi milioni, che formeranno un piccolo embrione. Dopo due mesi l'embrione è diventato un bambino minuscolo, grande come un pollice, con braccia, gambe, occhi, orecchie e bocca.

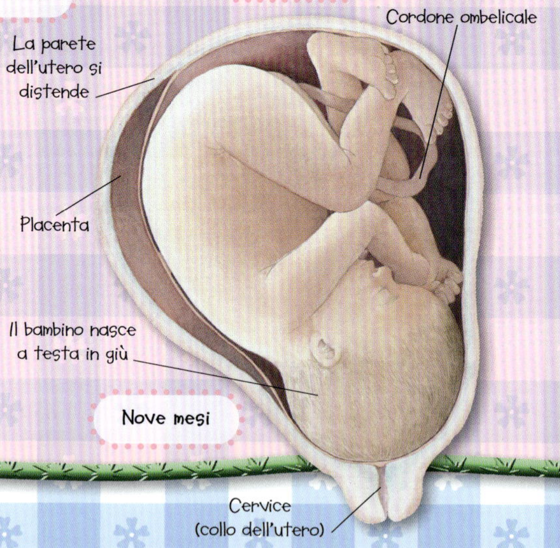

204 **Dopo nove mesi nel grembo materno,** il bambino è pronto a nascere. I forti muscoli delle pareti dell'utero si contraggono. Spingono il bambino attraverso il collo dell'utero, chiamato cervice, e lungo il canale uterino. Il bambino esce nel mondo esterno.

NON CI CREDO!

In nessun'altra fase della vita il corpo umano cresce quanto durante le prime settimane nel grembo materno. Se il corpo continuasse a crescere a quel ritmo, ogni giorno per 50 anni, sarebbe più grande della più alta montagna del mondo!

205 **Un neonato può essere spaventato e di solito inizia a piangere.** Dentro l'utero, l'ambiente era caldo, umido, buio, silenzioso e angusto. Fuori ci sono luci, rumori, voci, aria fresca e spazio per stiracchiarsi. Il pianto serve al bambino per iniziare a respirare con i propri polmoni.

206 **Il parto può richiedere un'ora o due o un giorno o due.** È molto faticoso, sia per il bambino che per la madre. Dopo la nascita, il bambino comincia ad avere fame e si nutre del latte materno. Infine, madre e bambino riposano.

▲ Dopo il parto, la mamma può godersi il suo bimbo e riposare.

Il corpo in crescita

207 Un neonato ha bisogno solo di mangiare e dormire. Mangia quando ha fame e dorme quando ha sonno, piange quando ha caldo o freddo o quando il pannolino va cambiato.

208 Un neonato non è totalmente indifeso. Può compiere azioni semplici, chiamate riflessi, utili per sopravvivere. Se qualcosa tocca la guancia del bambino, gira la testa da quel lato e cerca di succhiare. Se il bambino sente un rumore forte, spalanca gli occhi, getta in avanti le braccia e grida per cercare aiuto. Se qualcosa gli sfiora la mano o le dita, il bambino lo afferra con forza.

209 Un neonato guarda, ascolta, tocca e impara rapidamente. Pian piano comincia a riconoscere voci, volti e luoghi. Dopo circa sei settimane, inizia a sorridere. Sta imparando molto rapidamente. Apprende presto che se ride, la gente riderà a sua volta, e se piange, qualcuno verrà a prendersi cura di lui.

PRIMA O DOPO?

La maggior parte dei bambini impara a compiere determinate azioni nello stesso ordine. Qui l'ordine è stato cambiato. Riesci a rimetterlo a posto?

camminare, gattonare, rotolarsi, sedersi, sorridere, stare in piedi

Risposte
sorridere, rotolarsi, sedersi, gattonare, stare in piedi, camminare

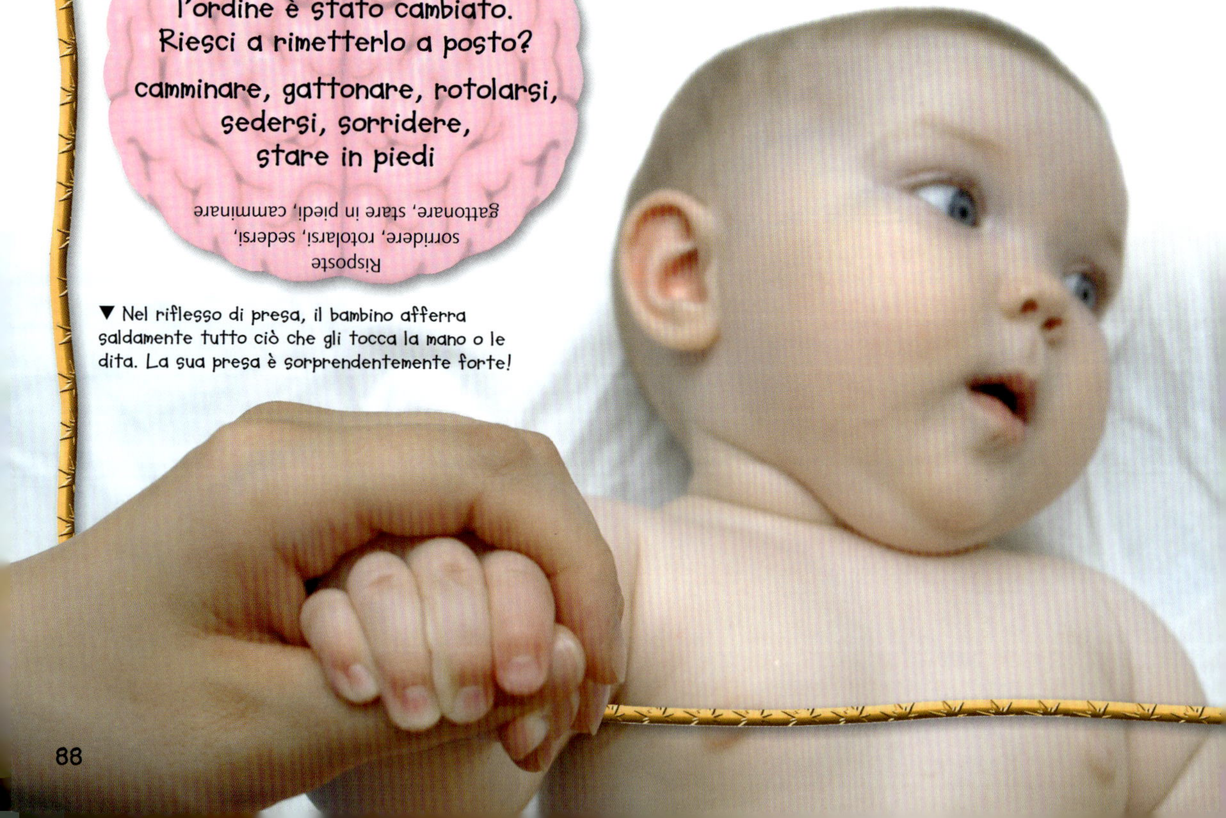

▼ Nel riflesso di presa, il bambino afferra saldamente tutto ciò che gli tocca la mano o le dita. La sua presa è sorprendentemente forte!

▼ La maggior parte dei bambini gattona prima di camminare, ma alcuni passano direttamente dal sedersi o dallo "strisciare" al camminare.

211 Man mano che un bambino cresce, intorno ai 18 mesi, impara dieci nuove parole al giorno, da "gatto" e "cane" a "sole" e "luna". Scopre nuovi giochi, come impilare mattoncini, nuove azioni, come lanciare e calciare, e nuove abilità come usare un cucchiaio durante i pasti e scarabocchiare sulla carta.

210 A circa tre mesi, la maggior parte dei bambini sa allungare la mano per tenere qualcosa e rotolarsi da sdraiati. All'età di sei mesi, la maggior parte dei bambini sa stare seduta e tenere il cibo tra le dita. A nove mesi, molti bambini gattonano bene e alcuni riescono a stare in piedi. Entro il loro primo compleanno, molti bambini imparano a camminare e iniziano a parlare.

212 All'età di sei anni, quando la maggior parte dei bambini inizia la scuola, continuano a imparare una quantità sorprendente di cose. Sanno pensare e svolgere compiti astratti come contare e leggere, ed eseguire movimenti fini come scrivere e disegnare. Imparano anche fuori dall'aula, ad esempio come giocare con gli amici e condividere le cose.

▼ Giocare è molto divertente, ma serve anche a imparare, poiché i bambini sviluppano il controllo dei muscoli in rapida crescita.

All'esterno del corpo

213 **La superficie della pelle** è composta di cellule morte di una sostanza dura e resistente, la cheratina. Se si guarda un corpo umano, la maggior parte di ciò che si vede... è "morto"! Le cellule cadono dalla pelle mentre ci si muove, ci si lava e ci si asciuga.

214 **La pelle cade e cresce** in continuazione. Appena sotto la superficie, le cellule vive creano nuove cellule che gradualmente si riempiono di cheratina, muoiono e risalgono in superficie. Passano circa quattro settimane dalla formazione di una nuova cellula della pelle a quando raggiunge la superficie e cade. Questo strato superiore è l'epidermide.

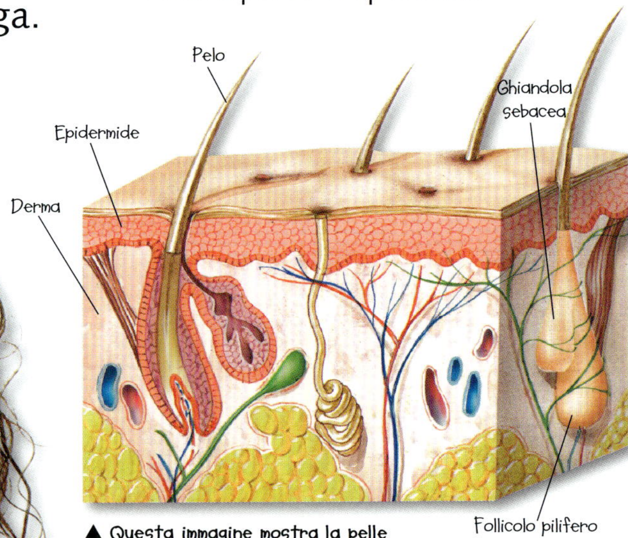

▲ Questa immagine mostra la pelle ingrandita di circa 50 volte.

▲ Quando ti asciughi dopo la doccia, senza che tu te ne accorga viene rimossa un sacco di pelle morta.

215 **Lo strato inferiore della pelle, il derma, è più spesso dell'epidermide.** È fatto di piccole fibre filiformi e flessuose di collagene. Il derma contiene anche piccoli vasi sanguigni, minuscole ghiandole sudoripare e microsensori che rilevano il tatto.

216 **Uno dei compiti fondamentali della pelle è proteggere il corpo.** Impedisce che le parti interne delicate vengano sfregate, urtate o raschiate. La pelle impedisce anche la fuoriuscita dei fluidi corporei e tiene lontani lo sporco e i germi.

217 **La pelle inoltre mantiene** il corpo a temperatura costante. Se ci si scalda troppo, il sudore fuoriesce dalla pelle e, asciugandosi, sottrae calore al corpo. Inoltre, i vasi sanguigni nello strato inferiore della pelle si dilatano, per disperdere più calore attraverso la pelle. Questo è il motivo per cui una persona accaldata appare sudata e rossa in viso.

218 **La pelle ci dà il senso del** tatto. Milioni di sensori microscopici nello strato inferiore della pelle, il derma, sono collegati al cervello tramite i nervi. Questi sensori rilevano diversi tipi di tocco, da un tocco leggero a una forte pressione, calore o freddo, e movimento. I sensori del dolore rilevano quando la pelle viene danneggiata. Ahi!

▲ La pelle è dura, ma a volte ha bisogno di aiuto per proteggere il corpo. Altrimenti, quest'ultimo e le parti interne potrebbero subire dei danni.

PELLE SENSIBILE

Cosa ti serve

un amico • nastro biadesivo
due fiammiferi usati • un righello

1. Premi un po' di biadesivo sull'estremità del righello. Premi due fiammiferi nel biadesivo, in posizione verticale, a circa 1 cm di distanza l'uno dall'altro.

2. Fai in modo che il tuo amico distolga lo sguardo. Tocca il dorso della sua mano con entrambe le estremità dei fiammiferi. Chiedi al tuo amico: "Senti un fiammifero o due?" La pelle sensibile può rilevare entrambe le estremità.

3. Prova in diversi punti, come un dito, il polso, l'avambraccio, il collo, e la guancia.

Capelli e unghie

219 **Abbiamo circa 120.000 capelli sulla testa, anzi sul cuoio capelluto.** Non vanno inoltre dimenticati i peli di sopracciglia e ciglia. Gli adulti hanno peli sotto le ascelle e nell'inguine, e gli uomini hanno peli sul viso. E tutti, anche i bambini, hanno piccoli peli su tutto il corpo, da 5 a 10 milioni!

I capelli ondulati biondi sono il risultato del carotene di un follicolo pilifero ovale

I capelli rossi lisci sono il risultato della melanina rossa presente in un follicolo pilifero rotondo

I capelli neri ricci sono il risultato della melanina nera di un follicolo pilifero piatto

◀ I capelli contengono pigmenti (sostanze colorate), principalmente melanina (marrone scuro) e un po' di carotene (giallastro). Le diverse quantità di pigmenti, e il modo in cui le loro minuscole particelle sono distribuite, creano i colori dei capelli.

I capelli neri lisci sono il risultato della melanina nera presente in un follicolo pilifero rotondo

220 **Ogni pelo cresce da** un incavo profondo nella pelle, chiamato follicolo. Il pelo è vivo solo dove si allunga, alla sua base o radice, nel fondo del follicolo. Il resto del pelo, chiamato fusto, è come la superficie della pelle: duro, resistente, morto e fatto di cheratina. I capelli e i peli aiutano a proteggere il corpo, specialmente dove sono più spessi e lunghi, sulla testa. Aiutano anche a mantenere il corpo caldo quando fa freddo.

221 **I capelli si allungano in media di** circa 3 mm a settimana. I peli delle sopracciglia crescono più lentamente. Nessun capello è eterno. Ognuno di essi cresce per un po', poi cade e il suo follicolo "riposa" prima che spunti un nuovo capello. Questo processo avviene di continuo, quindi il corpo ha sempre qualche pelo su ogni parte.

222

Le unghie, come i capelli, crescono dalla base (la radice dell'unghia) e sono fatte di cheratina. Crescono più velocemente in estate che in inverno, e più di giorno che di notte. Le unghie in media si allungano di circa mezzo mm a settimana.

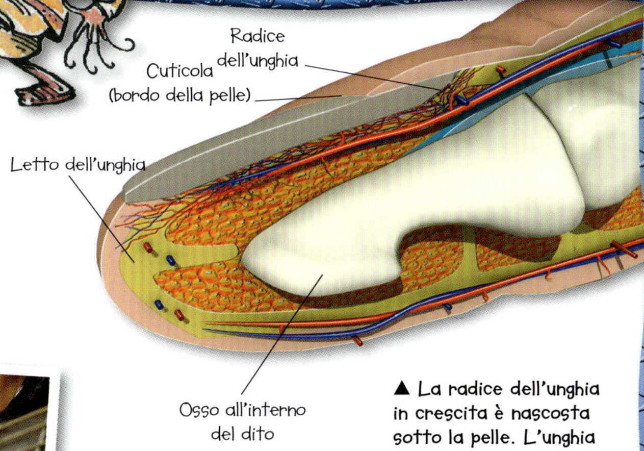

▲ La radice dell'unghia in crescita è nascosta sotto la pelle. L'unghia scivola lentamente lungo il letto ungueale.

▲ Le unghie rendono i polpastrelli più forti e rigidi, così da premere con forza sulle corde della chitarra. Le unghie leggermente più lunghe pizzicano le corde.

223

Le unghie servono a molte cose, per togliere le etichette appiccicose, per pizzicare le corde della chitarra o per grattarsi. Proteggono e induriscono le estremità delle dita, dove sono presenti i nervi che ci danno il senso del tatto.

NON CI CREDO!

Un capello cresce fino a cinque anni prima di cadere e essere sostituito. Se non venisse tagliato durante questo periodo, sarebbe lungo circa un metro. Eppure alcune persone hanno capelli particolari, che crescono più velocemente e più a lungo. Ogni capello può raggiungere più di 5 metri di lunghezza prima di cadere.

► Mantenere pulite le unghie è molto importante. Se non lo fai, i germi possono accumularsi sotto le unghie e farti ammalare.

La struttura ossea

224 **Senza ossa, il corpo** sarebbe floscio come una medusa! Le ossa hanno molti compiti. Le ossa lunghe delle braccia funzionano come leve per comandare le mani. Le ossa delle dita afferrano e stringono. Le ossa proteggono le parti più morbide del corpo. Il cranio protegge il cervello. Le costole i polmoni e il cuore. Le ossa producono anche cellule del sangue, come leggerai nella pagina accanto.

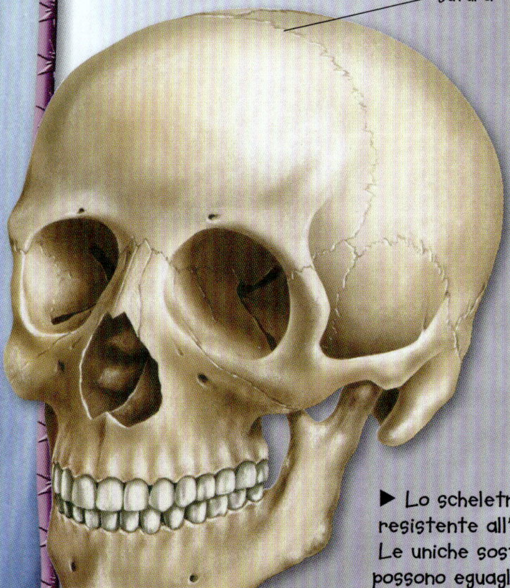

◀ Il cranio ha profonde cavità per gli occhi, e piccoli fori dove passano i nervi per raggiungere il cervello.

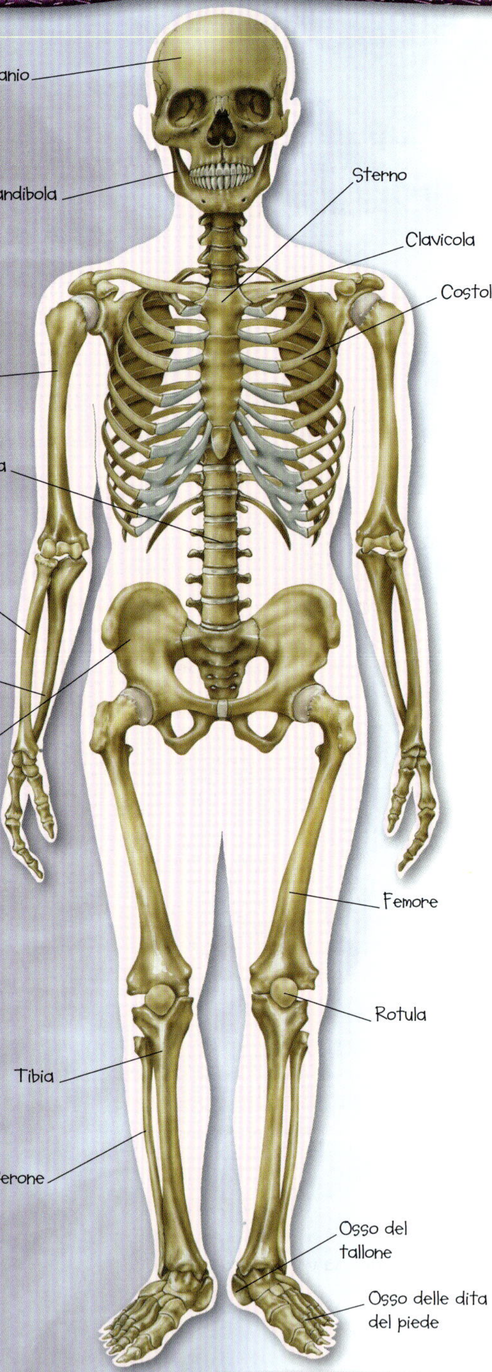

▶ Lo scheletro forma una struttura resistente all'interno del corpo. Le uniche sostanze artificiali che possono eguagliare l'osso per forza e leggerezza sono alcuni dei materiali usati per realizzare auto da corsa e jet.

225 L'insieme delle ossa forma lo scheletro.

La maggior parte delle persone ha 206 ossa, dalla testa ai piedi, così distribuite:

- 8 nella parte superiore del cranio
- 14 nel viso
- 6 piccole ossa dell'orecchio, 3 in profondità in ogni orecchio
- 1 nel collo, che è mobile e non direttamente collegato ad alcun altro osso
- 26 nella colonna vertebrale o spina dorsale
- 25 nel petto, composte da 24 costole e dallo sterno
- 32 in ogni braccio, dalla spalla alla punta delle dita (8 in ogni polso)
- 31 in ogni gamba, dall'anca alla punta delle dita (7 in ogni caviglia)

226 L'osso contiene filamenti di

una sostanza dura e leggermente flessibile, il collagene. È composto anche da minerali duri come il calcio e il fosfato. Insieme, il collagene e i minerali rendono un osso forte e rigido, ma anche in grado di piegarsi sotto sforzo. Le ossa hanno vasi sanguigni per il nutrimento e nervi per sentire la pressione e il dolore. Inoltre, alcune ossa non sono solide, ma sono fatte di una sostanza spugnosa chiamata midollo che produce piccole parti del sangue, i globuli rossi e bianchi.

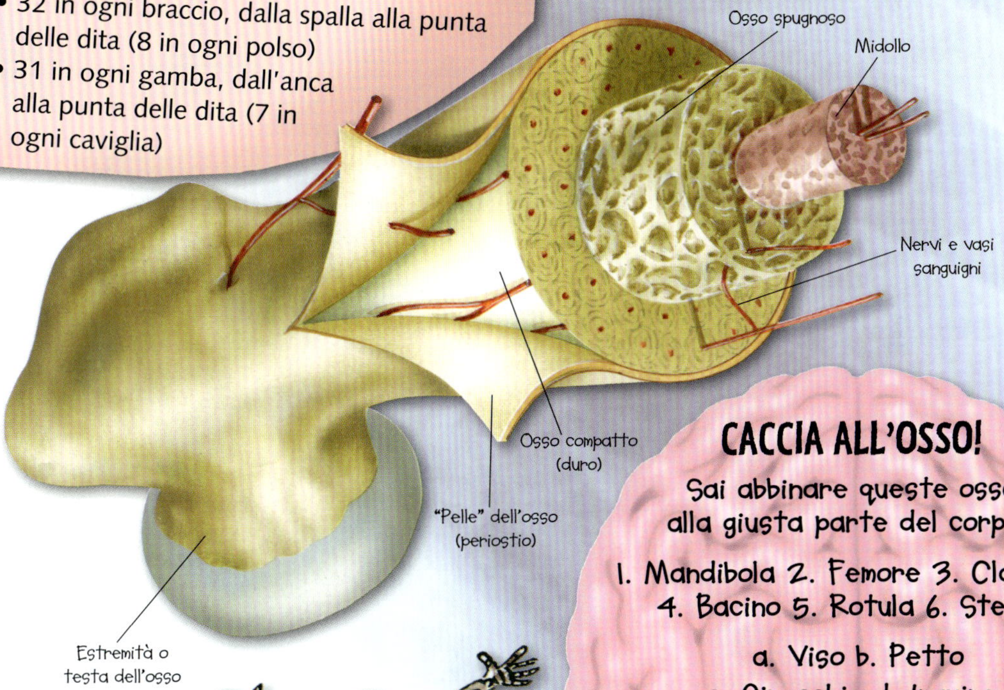

▲ Ogni osso ha uno strato duro all'esterno, uno strato spugnoso sotto e un midollo morbido nel mezzo.

CACCIA ALL'OSSO!

Sai abbinare queste ossa alla giusta parte del corpo?

1. Mandibola 2. Femore 3. Clavicola 4. Bacino 5. Rotula 6. Sterno

a. Viso b. Petto c. Ginocchio d. Inguine e. Spalla f. Gamba

Risposte
1a 2f 3e 4d 5c 6b

Le articolazioni

227 **Senza articolazioni, le uniche parti del corpo che** potrebbero muoversi sarebbero la lingua e le sopracciglia! Le articolazioni tra le ossa permettono allo scheletro di piegarsi. Ci sono più di 200 articolazioni. Le più grandi sono nei fianchi e nelle ginocchia. Le più piccole sono nelle dita delle mani e dei piedi e tra le piccole ossa all'interno di ogni orecchio, che aiutano a sentire.

228 **Ci sono diversi tipi di articolazioni,** a seconda delle forme delle estremità delle ossa e di quanto le ossa possono muoversi. Se pieghi il ginocchio, la parte inferiore della gamba si muove avanti e indietro, ma non lateralmente. Questa è un'articolazione di tipo a cerniera. Piega l'anca e la gamba potrà muoversi in avanti, indietro e anche da un lato all'altro. Questa è un'articolazione a sfera.

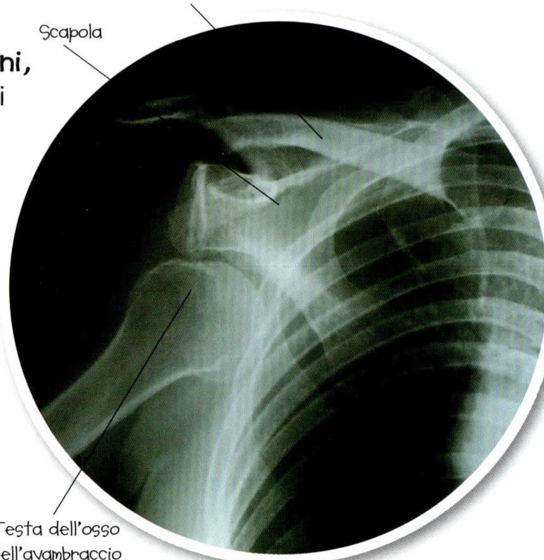

▶ Questa radiografia mostra una spalla lussata (fuori posto). L'articolazione della spalla può compiere ampi movimenti, quindi questa lesione è comune.

TESTA LE TUE ARTICOLAZIONI

Prova a usare queste diverse articolazioni con attenzione, e scopri quanto movimento permettono. Riesci a indovinare di che tipo sono? A sfera o a cerniera?

1. Articolazione delle dita (nocca più piccola)
2. Gomito 3. Anca 4. Spalla

Risposte
1. cerniera 2. cerniera
3. sfera 4. sfera

229 **All'interno di un'articolazione,** dove le ossa si uniscono, ogni estremità delle ossa è coperta da una sostanza liscia, lucida, scivolosa e leggermente elastica, nota come cartilagine. Questa è cosparsa da un liquido denso, chiamato liquido sinoviale. Il fluido funziona come l'olio di un ingranaggio, per favorire i movimenti e ridurre lo sfregamento e l'usura tra le superfici della cartilagine.

230 **Le ossa di un'articolazione sono collegate tra loro da una parte** a sacchetto, la capsula, e da legamenti forti, elastici, simili a cinghie. I legamenti permettono alle ossa di muoversi, ma impediscono loro di separarsi o di spostarsi troppo. La spalla ha sette legamenti forti.

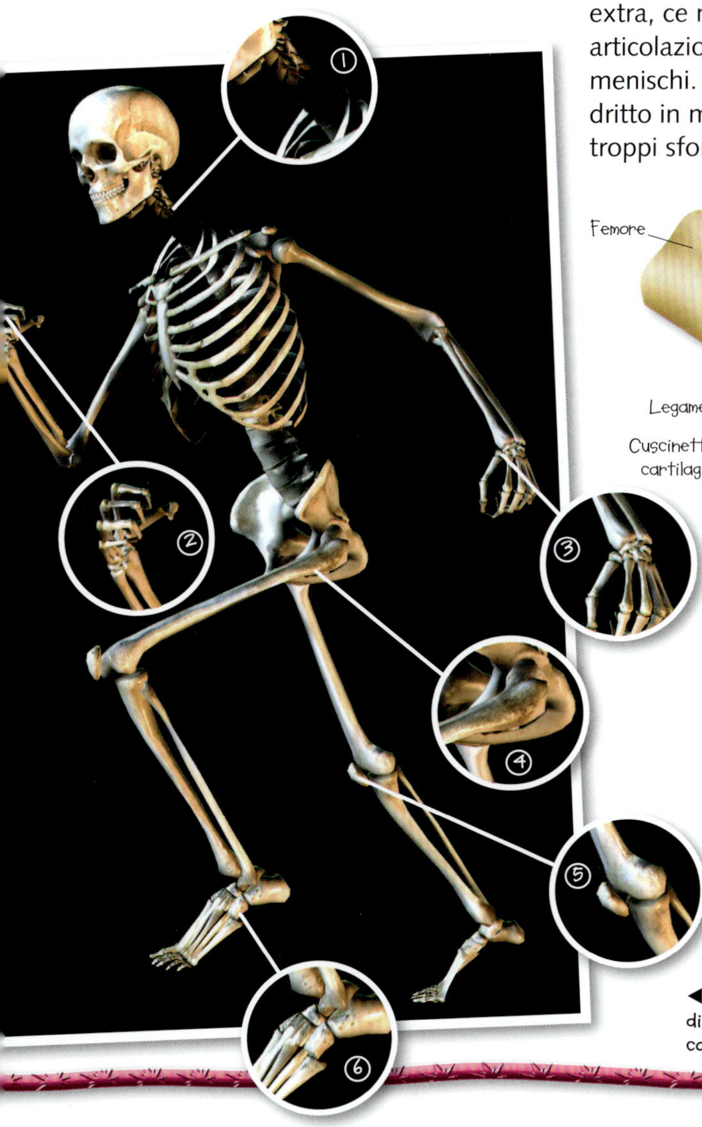

◄ Le articolazioni sinoviali permettono al corpo di muoversi in molti modi per poter camminare, correre, giocare e lavorare.

LEGENDA
① Articolazione girevole
② Articolazioni ellissoidali
③ Articolazione a sella
④ Articolazione a sfera
⑤ Articolazione a cerniera
⑥ Articolazione piana

231 **In alcune articolazioni, ci sono** rivestimenti di cartilagine sopra le estremità delle ossa e anche cuscinetti di cartilagine tra le cartilagini! Questi cuscinetti extra sono chiamati dischi articolari. Ce n'è uno in ogni articolazione della spina dorsale, tra le ossa spinali, chiamate vertebre. Di queste cartilagini extra, ce ne sono due anche in ogni articolazione del ginocchio, note come menischi. Aiutano il ginocchio a "bloccarsi" dritto in modo da permetterci di alzarci senza troppi sforzi.

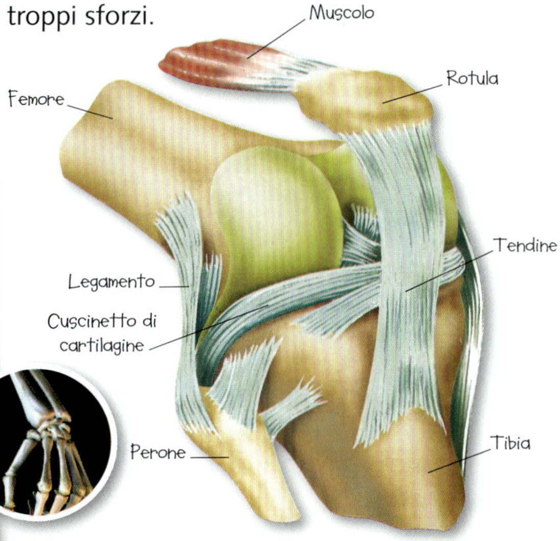

▲ Il ginocchio ha molti legamenti, cuscinetti di cartilagine (menischi) e forti tendini che ancorano i muscoli.

L'importanza dei muscoli

232 Quasi la metà del peso del corpo è costituita da muscoli, e ce ne sono più di 640! I muscoli hanno un compito semplice ma importante: accorciarsi, o contrarsi. Un muscolo non può allungarsi forzatamente.

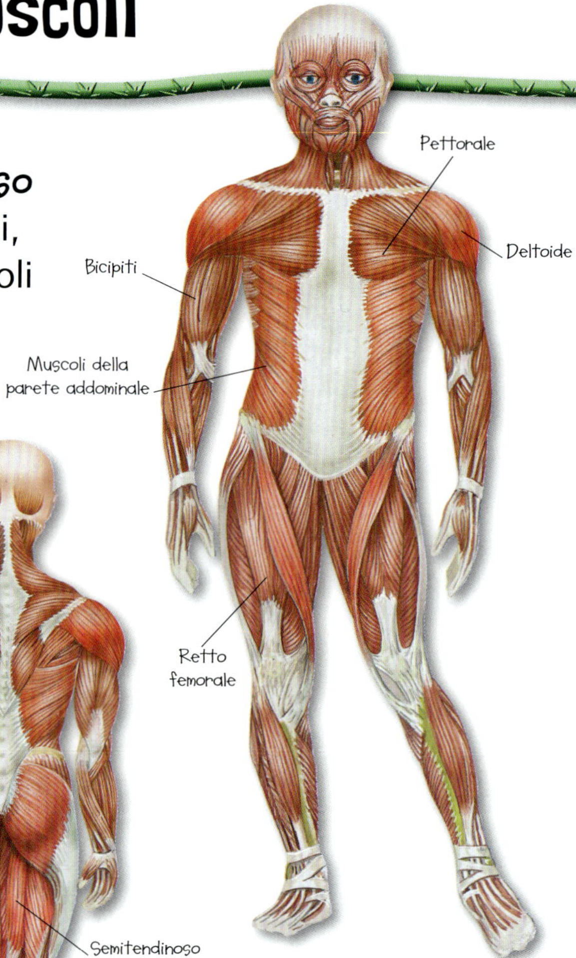

▼ Un tendine è fissato saldamente al suo osso, con un legame più forte della colla più tenace!

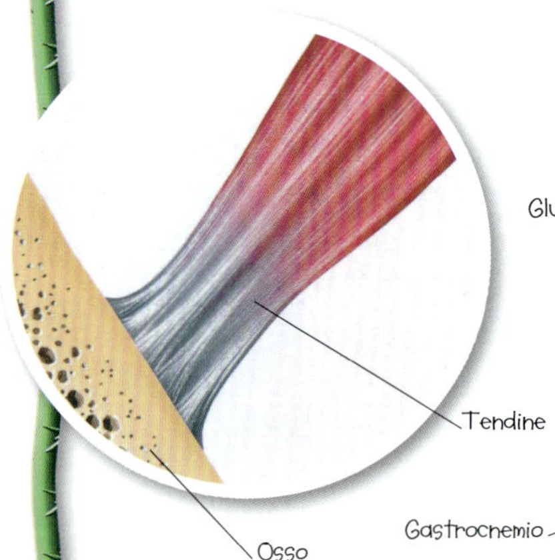

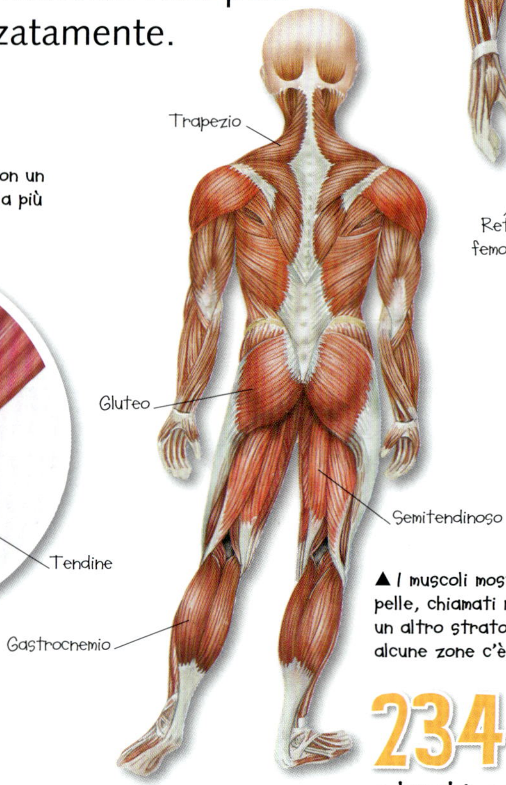

▲ I muscoli mostrati qui sono quelli appena sotto la pelle, chiamati muscoli superficiali. Sotto di loro c'è un altro strato: lo strato muscolare profondo. In alcune zone c'è un ulteriore strato: i muscoli mediali.

233 Un muscolo è unito a un osso dal suo tendine. Questo è il punto in cui l'estremità del muscolo diventa più sottile o si assottiglia, ed è rafforzata da forti e spesse fibre di collagene. Le fibre sono fissate saldamente alla superficie dell'osso.

234 Alcuni muscoli sono ampi o larghi, e hanno la forma di fogli piatti o triangoli. Questi includono i tre strati di muscoli nella parte anteriore e laterale inferiore del corpo, chiamati muscoli della parete addominale. Se li tendi o li contrai, tirano la pancia verso l'interno per farti sembrare più magro.

235 **La maggior parte dei muscoli sono lunghi e sottili** e uniti alle ossa a ogni estremità. Quando si contraggono, tirano le ossa e le spostano. Quando questo accade, il muscolo diventa più largo, o più rigonfio al centro. Per spostare nuovamente l'osso, un muscolo dall'altra parte si contrae, mentre il primo muscolo si rilassa e rimane tirato più a lungo.

NON CI CREDO!

È più facile sorridere che arrabbiarsi. Ci sono circa 40 muscoli sotto la pelle del viso. Si usano quasi tutti per un'espressione di rabbia, ma ne basta la metà per mostrare un bel sorriso.

236 **Ogni muscolo del corpo ha un nome scientifico o medico,** che spesso è piuttosto lungo e complicato. Alcuni di questi nomi sono familiari alle persone che fanno esercizio e sport. I "pettorali" sono i muscoli principali del petto. I "bicipiti" sono i muscoli bicipiti brachiali nella parte superiore delle braccia, che si gonfiano quando si piega il gomito.

▶ Un ballerino ha bisogno di resistenza, forza e controllo dei muscoli per eseguire movimenti come questo.

237 **Se fai molto esercizio fisico o sport, non sviluppi nuovi muscoli.** I muscoli che hai diventano più grandi e più forti. Questo li mantiene in forma e in salute. I muscoli che non vengono usati molto possono diventare deboli e flosci.

▶ I muscoli lavorano in coppia, come i bicipiti e i tricipiti, che piegano e raddrizzano il gomito.

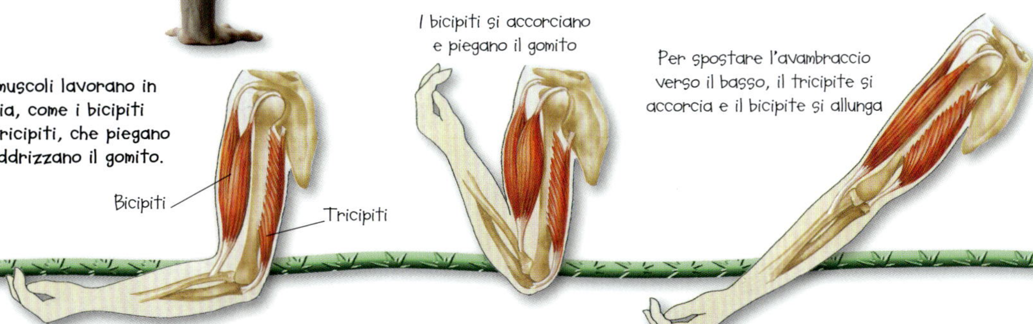

Potenza muscolare

238 I muscoli hanno molte forme e dimensioni, ma all'interno sono tutti simili. Hanno fasci di lunghi filamenti chiamati fibre muscolari, o miofibre. Ogni fibra muscolare è di poco più sottile di un capello. Un grande muscolo ne ha svariate migliaia. La maggior parte è lunga 2-3 cm. In un grande muscolo, molte fibre di diversa lunghezza sono disposte una accanto all'altra e da un capo all'altro.

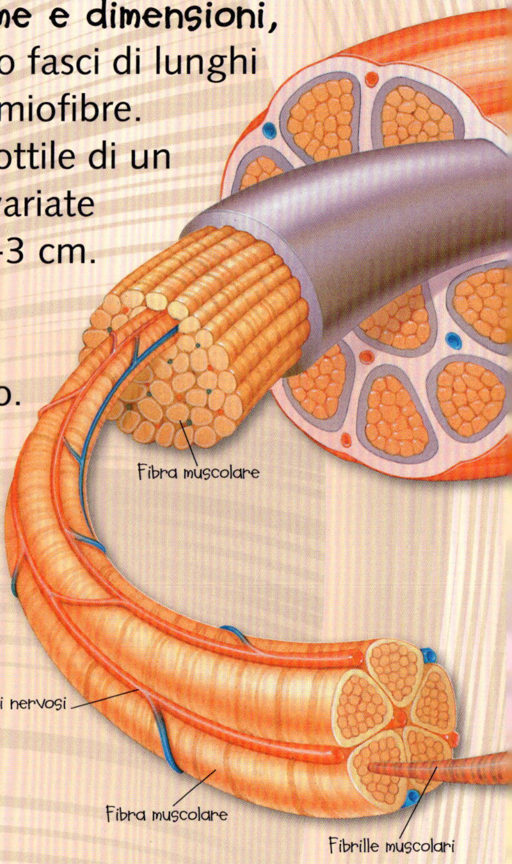

► I ginnasti hanno bisogno di un'estrema forza nella parte superiore del corpo quando usano gli anelli. Molti muscoli diversi lavorano insieme per tenere il ginnasta nella posizione corretta.

239 Ogni fibra muscolare è fatta di decine o centinaia di parti ancora più sottili, chiamate fibrille muscolari o miofibrille. Ce ne sono milioni in un grande muscolo. E, come puoi intuire, ogni fibrilla contiene centinaia di filamenti ancora più sottili! Ce ne sono due tipi, l'actina e la miosina. Mentre le actine scivolano tra le miosine, i filamenti si accorciano e il muscolo si contrae.

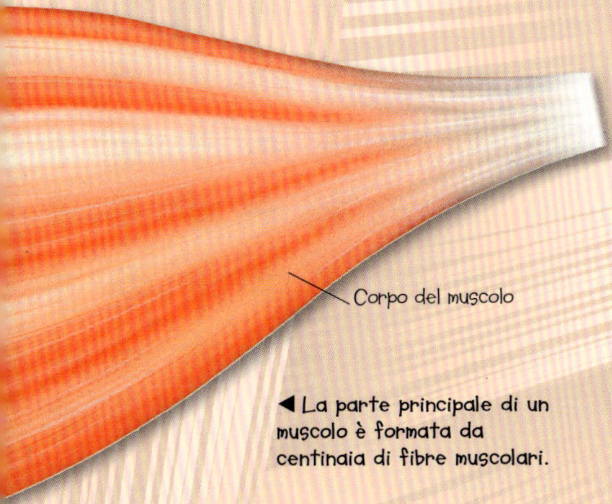

◀ La parte principale di un muscolo è formata da centinaia di fibre muscolari.

▶ Sono decine i muscoli del braccio e della mano che servono per muovere una penna.

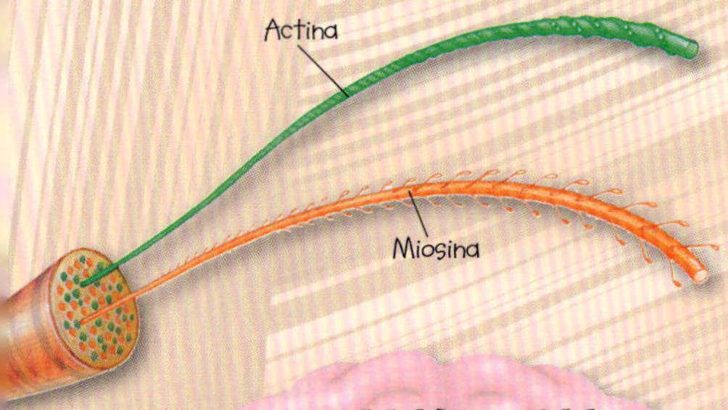

240 **I muscoli sono controllati dal cervello,** che invia loro messaggi lungo i nervi, simili a corde. Quando un muscolo si contrae a lungo, le sue fibre si "alternano". Alcune si accorciano potentemente mentre altre si rilassano, poi quelle contratte si rilassano mentre altre si accorciano, e così via.

QUALI MUSCOLI?

Puoi abbinare i nomi di questi muscoli alle diverse parti del corpo?

a. Gluteo massimo b. Massetere
c. Sartorio d. Muscolo cardiaco
e. Pettorale maggiore

1. Cuore 2. Petto 3. Parte anteriore della coscia 4. Sedere 5. Bocca

Risposte
a4 b5 c3 d1 e2

241 **I muscoli più grandi del corpo sono quelli** su cui ti siedi: i muscoli del gluteo massimo nel sedere. Il muscolo più lungo è il sartorio, nella parte anteriore della coscia. Alcune delle sue fibre misurano più di 30 cm di lunghezza. Il muscolo più potente, per le sue dimensioni, è il massetere nella guancia inferiore, che chiude le mascelle quando mastichi.

L'apparato respiratorio

242 **Il corpo non può sopravvivere** senza respirare, un'azione così importante che la facciamo senza intenzione, senza nemmeno pensarci. Respirando incameriamo l'aria, che contiene l'ossigeno, un gas necessario per ottenere energia dal cibo e nutrire tutti i processi vitali del corpo.

▲ I sub indossano speciali apparecchi di respirazione chiamati "aqua lung". Controllano la respirazione per far durare la riserva di ossigeno il più a lungo possibile

▶ Le parti del corpo che compongono il sistema respiratorio si trovano nella testa, nel collo e nel petto. Eseguono il processo di respirazione per portare ossigeno nell'organismo.

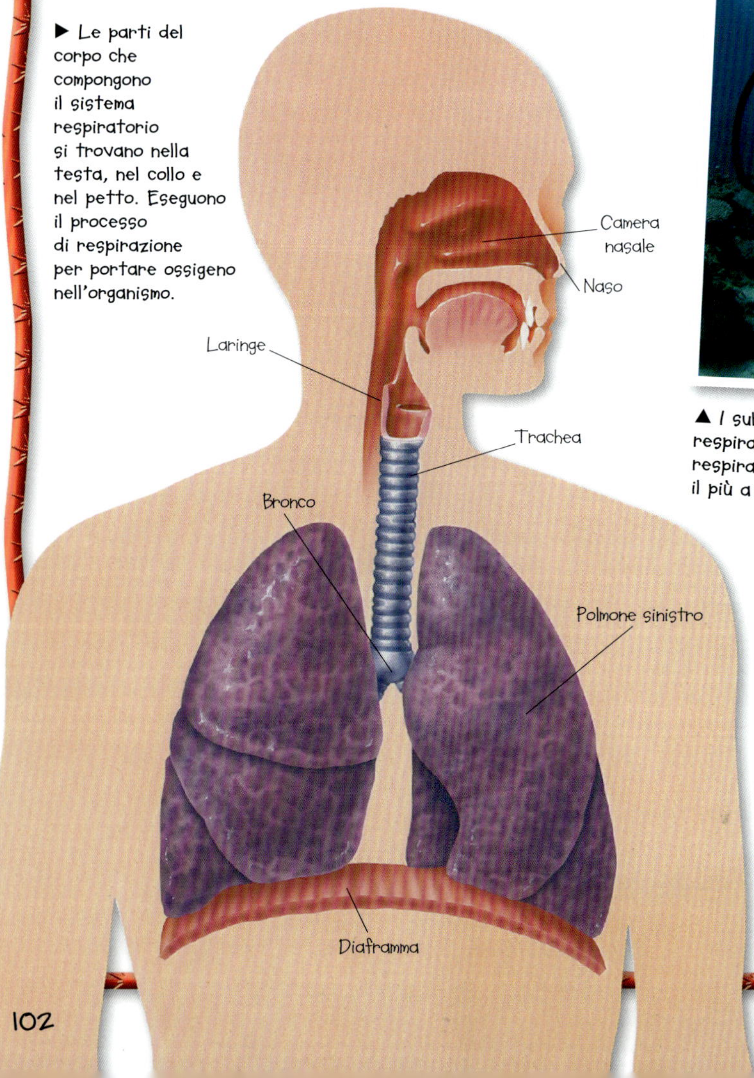

243 **Le parti del** corpo che lavorano insieme per svolgere un compito principale sono chiamate sistema. Le parti responsabili della respirazione formano il sistema respiratorio. Queste parti sono il naso, la gola, la trachea e i bronchi nel petto e nei polmoni.

244 Il naso è l'ingresso

dell'aria fresca nei polmoni e l'uscita dell'aria viziata dai polmoni. Il rivestimento morbido e umido all'interno del naso rende l'aria più calda e umida, il che è meglio per i polmoni. Minuscoli frammenti di polvere e germi si attaccano al rivestimento o ai peli del naso, depurando l'aria che andrà ai polmoni.

▼ Quando si suona la tromba, il diaframma e il petto controllano l'aria che entra ed esce dai polmoni.

245 La trachea è un tubo

che collega la parte posteriore del naso e della bocca ai polmoni. Nelle sue pareti ci sono circa 20 cerchi di cartilagine a forma di C che la tengono aperta, come il tubo di un aspirapolvere. Altrimenti la pressione delle parti del corpo nel collo e nel petto la schiaccerebbe.

246 La laringe si trova nella parte

superiore della trachea, dove forma un rigonfiamento nella parte anteriore del collo. Ha due lembi rigidi, le corde vocali, che sporgono dai suoi lati. Normalmente questi lembi sono separati per facilitare la respirazione. Tuttavia i muscoli della laringe possono tirare i lembi quasi insieme. Quando l'aria passa attraverso quella stretta fessura, fa vibrare i lembi producendo il suono della tua voce.

MMMMMMMM!

Cosa ti serve

cronometro

Pensi che emettere suoni con la tua laringe richieda più aria che respirare? Scoprilo con questo esperimento.

1. Fai un respiro profondo, poi espira al tuo ritmo normale, il più a lungo possibile. Cronometra l'espirazione.
2. Fai un analogo respiro profondo, poi canticchia mentre espiri, di nuovo per tutto il tempo che puoi. Cronometra il canto.
3. Prova a fare lo stesso mentre sussurri la tua canzone preferita, poi di nuovo cantando.

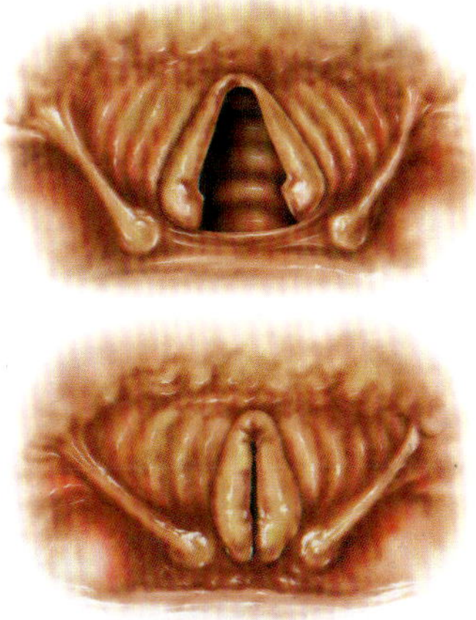

▲ Le corde vocali si separano per respirare (in alto) e si uniscono per parlare (in basso).

Organi respiratori

247 **Gli organi principali del** sistema respiratorio sono i due polmoni, nel petto. Ognuno ha la forma di un cono, con l'estremità appuntita all'altezza della spalla.

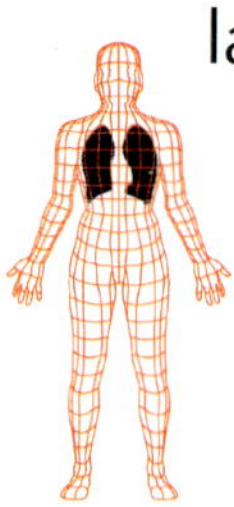

248 **L'aria entra ed esce dai polmoni lungo la trachea,** che si ramifica alla base per formare due tubi per l'aria, i bronchi. Ognuno è collegato a un polmone. Al suo interno, ogni bronco si divide più volte, diventando sempre più stretto. Infine questi tubicini, più sottili di un capello, terminano in minuscole "bolle" chiamate alveoli.

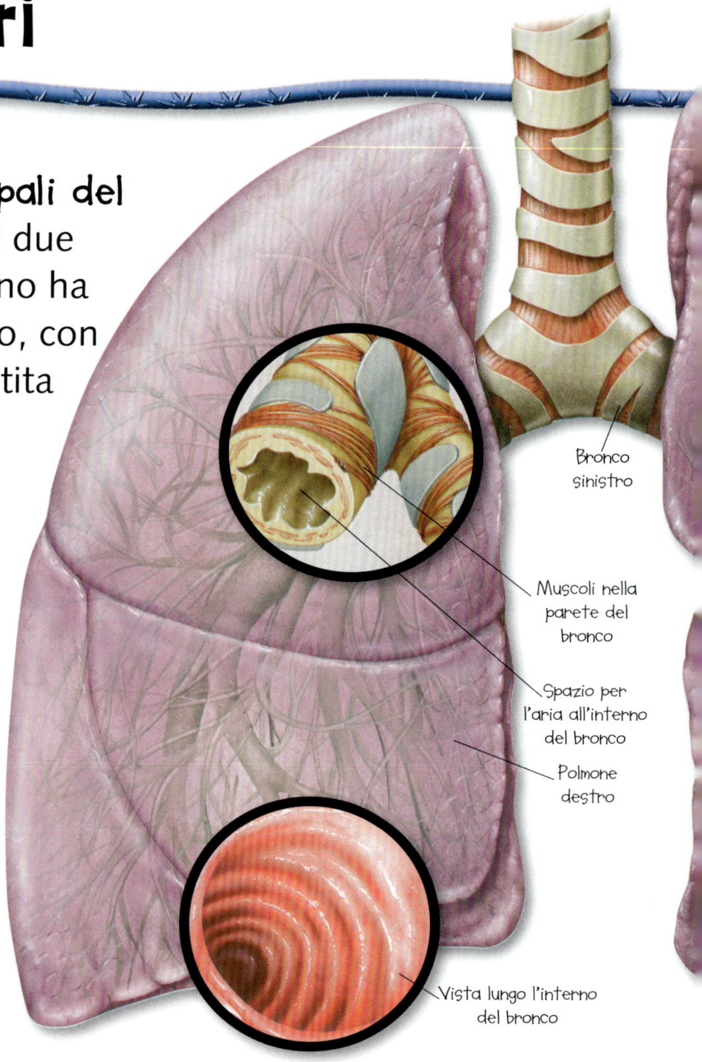

NON CI CREDO!

In media, l'aria respirata ed espirata durante la notte da una persona che dorme riempirebbe una camera da letto di medie dimensioni. Ecco perché alcune persone amano dormire con la porta o la finestra aperta!

249 **In ogni polmone ci sono più di** 200 milioni di piccole bolle d'aria, o alveoli. Qui, l'ossigeno dell'aria respirata passa attraverso i rivestimenti molto sottili degli alveoli ai vasi sanguigni altrettanto minuscoli sull'altro lato. Il sangue trasporta l'ossigeno in giro per il corpo. Allo stesso tempo una sostanza di scarto, l'anidride carbonica, penetra attraverso il vaso sanguigno, arrivando negli alveoli. Quando si espira, i polmoni la espellono.

250 La respirazione ha bisogno di forza muscolare!

Il principale muscolo respiratorio è il diaframma alla base del petto. Per inspirare, si appiattisce, rendendo i polmoni più grandi, in modo da risucchiare l'aria lungo la trachea. Allo stesso tempo, i muscoli costali sollevano le costole, rendendo anche i polmoni più grandi. Per espirare, il diaframma e i muscoli delle costole si rilassano. I polmoni allungati tornano alla loro dimensione ridotta ed espellono l'aria viziata.

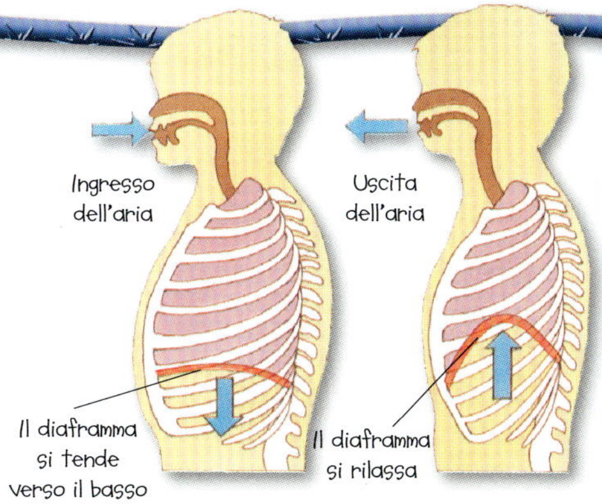

▲ La respirazione impiega due serie principali di muscoli, il diaframma e quelli tra le costole.

▶ Dopo un'attività intensa, il corpo respira più velocemente e più profondamente, per reintegrare l'ossigeno utilizzato dai muscoli per l'energia.

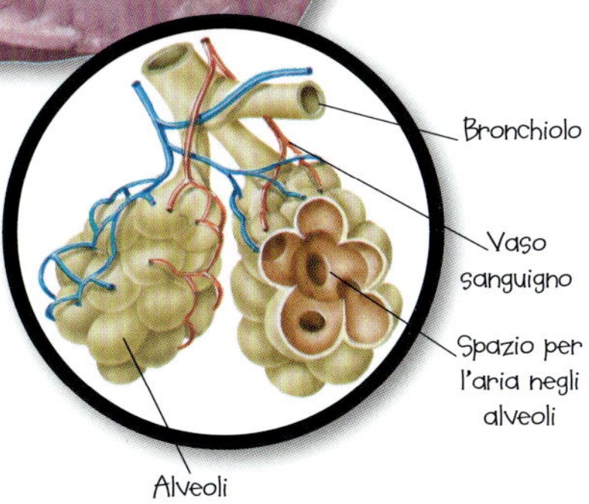

▲ All'interno di ogni polmone, il bronco principale si divide più volte, in migliaia di vie aeree più strette chiamate bronchioli.

251 Mentre ti riposi o dormi, ogni respiro invia circa

mezzo litro d'aria dentro e fuori, da 15 a 20 volte al minuto. Dopo una grande attività, come una gara di corsa, hai bisogno di più ossigeno. I tuoi respiri saranno quindi più profondi e veloci – 3 litri o più di aria, 50 volte o più al minuto.

L'alimentazione

252 **Il corpo è simile a una macchina: il cibo ci dà energia,** come il carburante alle macchine, per i processi interni del nostro corpo, oltre che per respirare, muoverci, parlare e per ogni altra azione che compiamo. Il cibo fornisce anche le materie prime che il corpo usa per crescere, mantenersi e riparare l'usura quotidiana.

253 **Una dieta sana** richiede una grande varietà di alimenti con diversi nutrienti. Esagerare con un singolo alimento non è sano, specie se quell'alimento è molto grasso o unto. Anche esagerare con le quantità non è sano: causa sovrappeso e aumenta il rischio di malattie.

► È importante che i bambini imparino a cucinare in modo sano. Grigliare il cibo è molto più sano che friggerlo.

▲ Frutta fresca come le banane e verdure come le carote contengono tante vitamine, minerali e fibre, e fanno bene al nostro organismo.

▼ Alimenti come pane, pasta e riso contengono molto amido, che è un'utile fonte di energia.

254 Ci sono sei tipi principali di nutrienti negli alimenti, e il corpo ha bisogno di quantità equilibrate di tutti loro.

- Le proteine sono necessarie per crescere, riparare il corpo e rafforzare muscoli e altre parti.
- I carboidrati, come gli zuccheri e gli amidi, danno molta energia.
- Alcuni grassi sono importanti per la salute e per avere energia.
- Le vitamine aiutano il corpo a combattere i germi e le malattie.
- I minerali sono necessari per avere ossa e denti forti e anche per un sangue sano.
- Le fibre sono importanti per la digestione e per prevenire disturbi intestinali.

◀ Il pesce, le carni a basso contenuto di grassi come il pollo e i prodotti a base di latte come il formaggio contengono un sacco di proteine preziose.

CIBO PER LA MENTE

Quale pasto è più salutare?

Pasto A
Hamburger, hot dog e molte patatine fritte, seguito da un gelato con panna e cioccolato.

Pasto B
Pollo, pomodoro e qualche patatina, seguito da un'insalata di frutta fresca con mela, banana, pera e melone.

Risposta
Pasto B

▲ I grassi e gli alimenti oleosi sono necessari in quantità moderate. Gli oli vegetali sono più sani dei grassi e degli oli di origine animale.

Mordi, mastica, inghiotti

255 **Le parti più dure di tutto il tuo corpo** sono quelle che triturano il cibo: i denti. Hanno un rivestimento di smalto biancastro o giallastro, più forte della maggior parte delle rocce! I denti devono durare tutta la vita: devono mordere, rosicchiare, sgranocchiare e masticare. Sono loro a preparare i tuoi alimenti per la digestione.

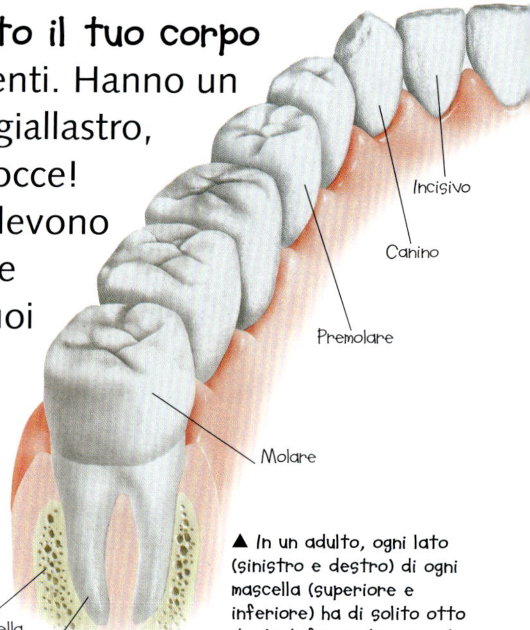

▲ In un adulto, ogni lato (sinistro e destro) di ogni mascella (superiore e inferiore) ha di solito otto denti di forma diversa, di quattro tipi principali.

256 **Ci sono quattro tipi di denti.** Quelli anteriori sono gli incisivi: hanno un bordo dritto e affilato, come una vanga o uno scalpello, per tagliare il cibo. Poi ci sono i canini, più alti e appuntiti, usati per strappare e tirare. Dietro di loro ci sono i premolari e i molari, più bassi e piatti, con piccole protuberanze, per schiacciare e macinare.

▶ Al centro di un dente c'è la polpa viva, con molti vasi sanguigni e terminazioni nervose che passano nell'osso mascellare.

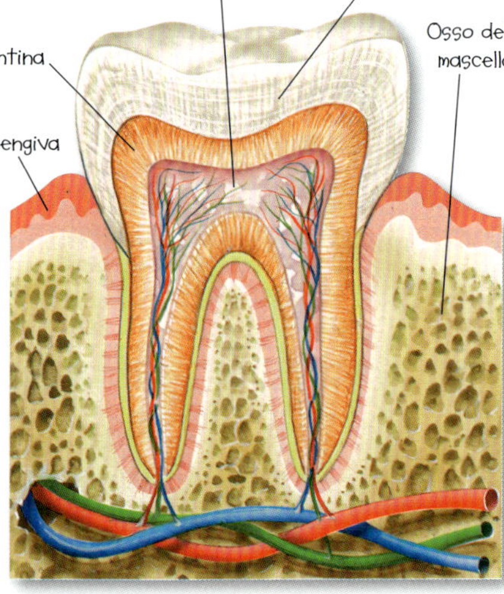

257 **Un dente non è un osso morto, in realtà è vivo.** Sotto lo smalto c'è la dentina, più morbida. Al centro del dente c'è la polpa dentaria con vasi sanguigni per nutrire tutto il dente, e nervi che sentono la pressione, il calore, il freddo e il dolore. La parte inferiore del dente, ben salda nell'osso della mascella, è la radice, quella ricoperta di smalto sopra la gengiva è la corona.

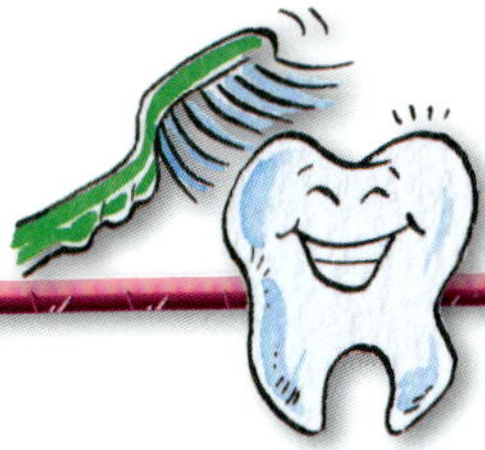

258 **I denti sono molto forti e resistenti,** ma hanno bisogno di essere puliti in modo corretto e con regolarità. Germi chiamati batteri, infatti, si nutrono dei pezzetti di cibo rimasti in bocca, che producono scarti acidi in grado di sciogliere lo smalto e la dentina, causando fori chiamati carie. È bene lavarsi i denti almeno due volte al giorno!

▶ Pulisci i tuoi denti spazzolandoli in diverse direzioni e poi passando il filo interdentale. Avranno un aspetto migliore e resteranno sani più a lungo.

▼ La prima serie di denti dura circa dieci anni, mentre la seconda può durare dieci volte di più.

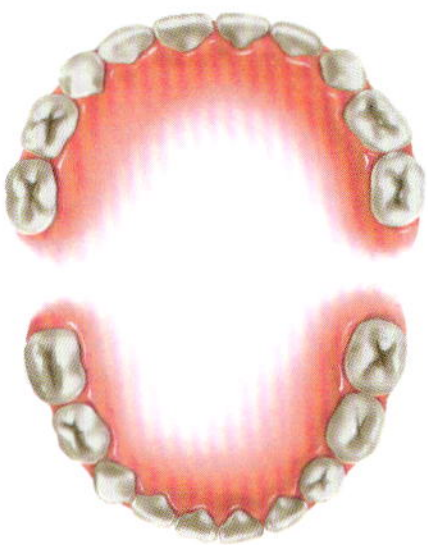

Prima serie
(denti da latte o decidui)

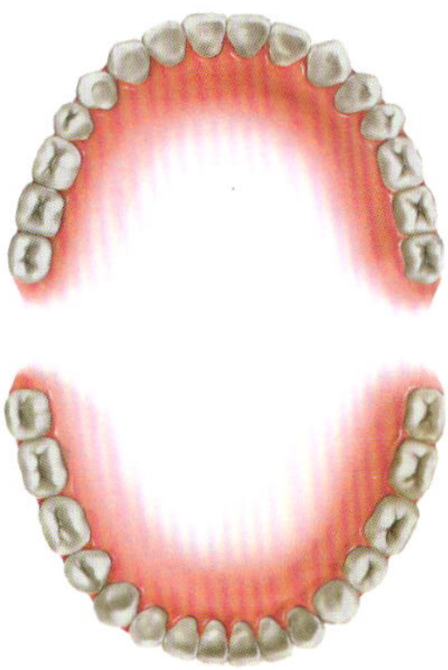

Seconda serie
(denti da adulto o permanenti)

259 **I denti sono progettati per** durare tutta la vita. Beh, non proprio, perché il corpo ne ha due serie. La prima, i denti da latte, è composta da 20 piccoli denti. I primi di solito appaiono sopra la gengiva a circa sei mesi di età, gli ultimi a tre anni. Man mano che tu e la tua bocca crescete, i denti da latte cadono, a partire da circa sette anni. Sono sostituiti da 32 denti più grandi, nella serie adulta.

260 **Dopo la masticazione, il cibo è inghiottito nell'esofago.** Questo spinge il cibo con forza giù dentro il petto, oltre il cuore e i polmoni, fino allo stomaco.

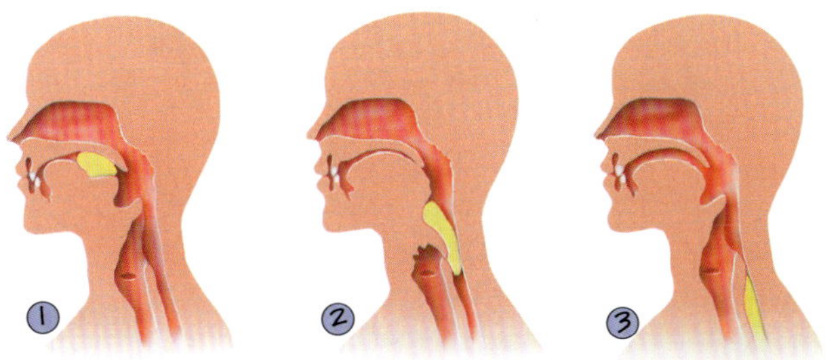

1. La lingua spinge il cibo verso la parte posteriore della gola
2. I muscoli della gola instradano il cibo verso il basso
3. L'esofago spinge il cibo verso lo stomaco

Il lungo viaggio del cibo

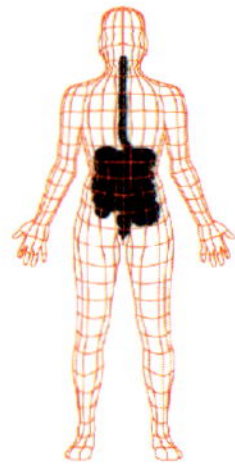

261 Il sistema digestivo è un tunnel lungo circa 9 metri che attraversa il corpo. Comprende parti del corpo che mordono il cibo, lo masticano, lo ingoiano, lo separano e lo scompongono con succhi e acidi naturali, ne ricavano i nutrienti e poi si liberano degli scarti.

262 Lo stomaco è un sacco con pareti forti ricoperte da muscoli. Si allunga quando si riempie di cibo e bevande, e il suo rivestimento produce potenti acidi digestivi e succhi chiamati enzimi, per attaccare il cibo. I muscoli delle sue pareti si contorcono e si stringono per mescolare il cibo e i succhi.

263 Lo stomaco impiega alcune ore per digerire il cibo, trasformandolo in una poltiglia densa, che scende nell'intestino tenue. Questo è largo solo 4 cm, ma lungo più di 5 metri. Assorbe nutrienti e sostanze utili attraverso il suo rivestimento.

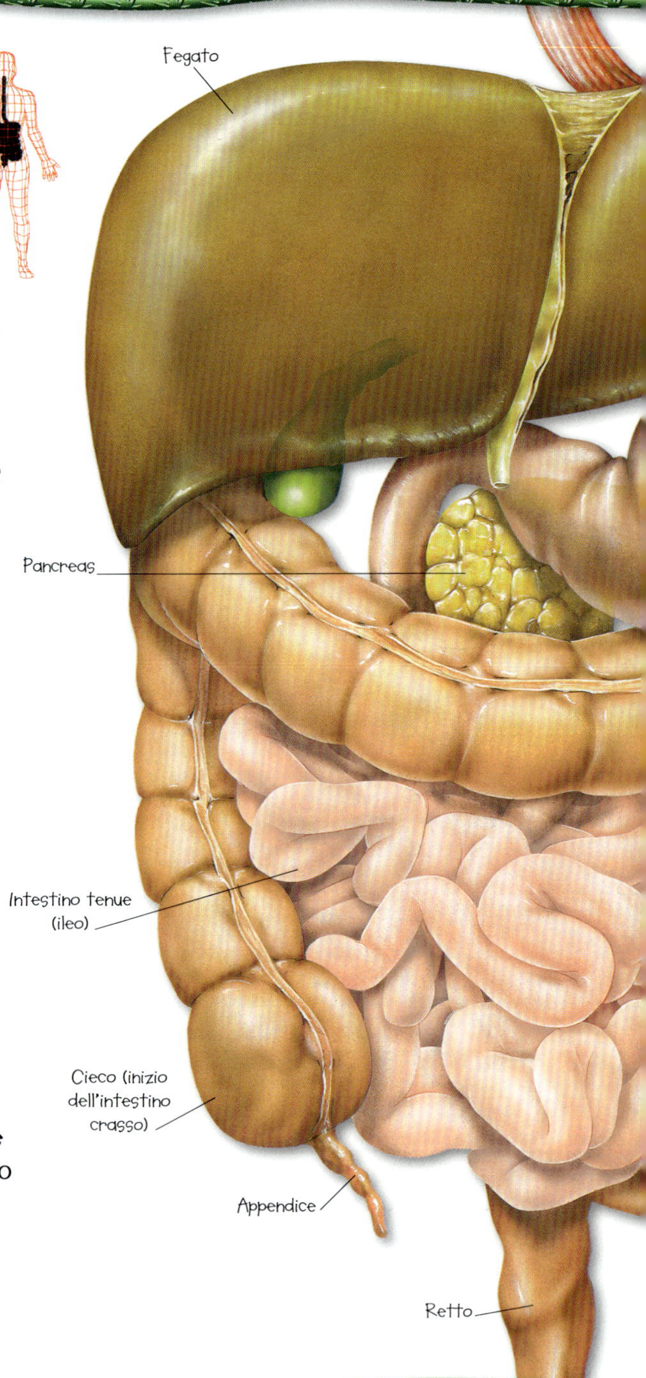

264 **L'intestino crasso segue quello tenue, ed è più largo, con i suoi 6 cm circa, ma molto più corto: misura solo 1,5 m.** Assorbe i fluidi e qualche altra sostanza nutritiva dal cibo, poi schiaccia ciò che resta in grumi marroni, le feci, pronti a lasciare il corpo.

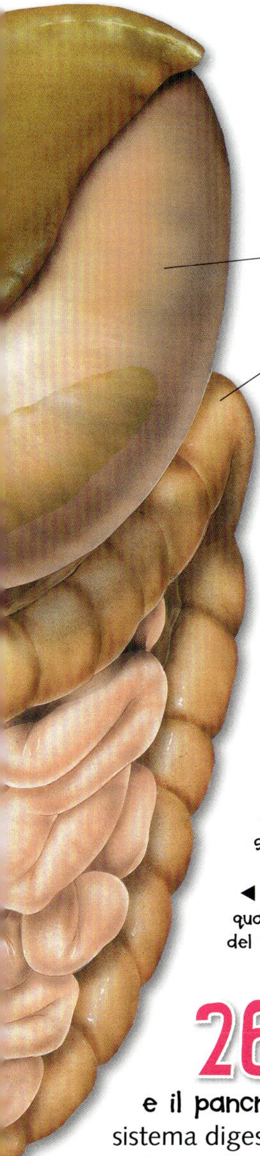

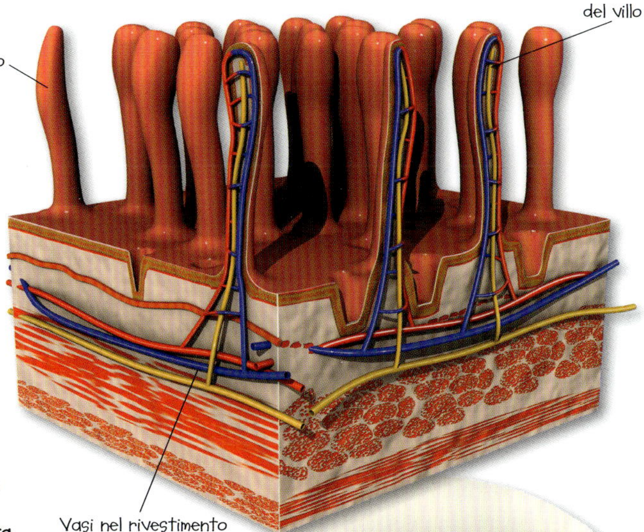

▶ Il rivestimento dell'intestino tenue ha migliaia di piccole escrescenze simili a dita chiamate villi, che assorbono i nutrienti dal cibo, nel sangue e nel sistema linfatico.

◀ Gli organi digestivi riempiono quasi interamente la parte inferiore del torso, chiamata addome.

265 **Anche il fegato e il pancreas** fanno parte del sistema digestivo. Il fegato smista e trasforma i nutrienti ottenuti dalla digestione e ne immagazzina una parte. Il pancreas produce potenti succhi digestivi che passano all'intestino tenue per trattare il cibo.

NON CI CREDO!

Cosa c'è negli scarti? I grumi marroni detti feci sono solo metà del cibo non digerito o di scarto. Poi vi è parte del rivestimento dello stomaco e dell'intestino. Il resto sono milioni di microbi "buoni" ma morti (batteri) provenienti dell'intestino. I batteri vivi ci aiutano a digerire il cibo, e in cambio noi diamo loro un posto caldo e pieno di nutrimento in cui vivere.

L'apparato circolatorio

266 Il cuore batte per pompare il sangue in tutto il corpo trasportando ossigeno e sostanze nutritive. Lo stesso sangue circola nella rete di vasi sanguigni. Cuore, vasi sanguigni e sangue formano l'apparato circolatorio.

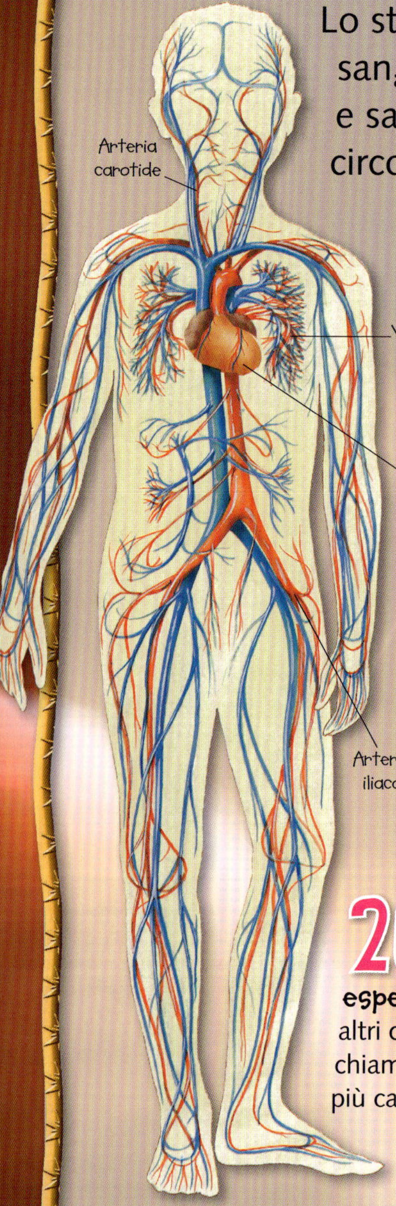

◀ I vasi sanguigni si dividono, o si ramificano, per raggiungere ogni parte del corpo.

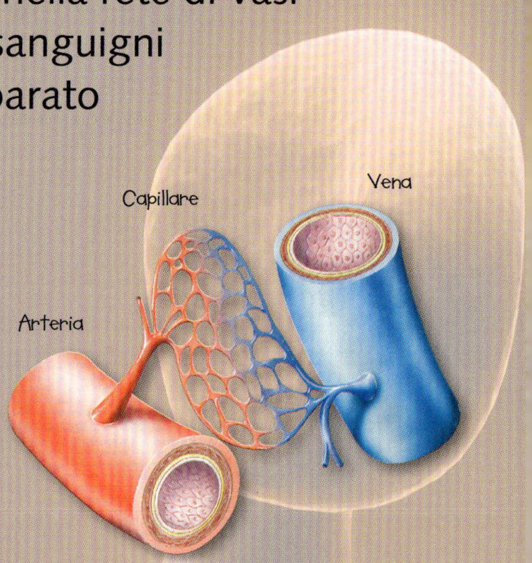

▶ Esistono tre tipi principali di vasi sanguigni.

267 Il sangue esce dal cuore attraverso vasi forti e dalle pareti spesse, le arterie. Questi si dividono più volte, diventando sempre più piccoli fino a formare vasi più sottili di un capello, i capillari. L'ossigeno e le sostanze nutritive filtrano dal sangue attraverso le sottili pareti dei capillari fino alle parti del corpo circostanti. Allo stesso tempo, l'anidride carbonica e le sostanze di scarto si infiltrano dalle parti del corpo nel sangue, per essere espulse. I capillari si uniscono più volte per formare vasi più larghi chiamati vene, che riportano il sangue al cuore.

268 Oltre a fornire ossigeno e nutrienti e a espellere l'anidride carbonica e gli scarti, il sangue ha molti altri compiti vitali. Trasporta sostanze di controllo del corpo chiamate ormoni. Diffonde il calore in modo uniforme dalle parti più calde come il cuore, il fegato e i muscoli. Forma un coagulo appiccicoso per sigillare una ferita. Trasporta molte sostanze che attaccano i germi e altri piccoli invasori.

269

Il sangue ha quattro componenti principali. La più grande è costituita da miliardi di minuscoli globuli rossi, che costituiscono circa la metà del suo volume totale e trasportano l'ossigeno. La seconda sono i globuli bianchi, che puliscono il sangue, e combattono i germi. La terza parte è costituita da miliardi di piccole piastrine, che aiutano il sangue a coagulare. La quarta è il plasma acquoso, in cui galleggiano le altre parti.

QUIZ

Sai abbinare queste parti e vasi sanguigni alle loro descrizioni?
a. Arteria b. Vena c. Globuli bianchi d. Globuli rossi e. Piastrine f. Capillare

1. Grande vaso che riporta il sangue al cuore
2. Minuscolo vaso che permette all'ossigeno e alle sostanze nutritive di lasciare il sangue
3. Grande vaso che trasporta il sangue lontano dal cuore
4. Parte del sangue che trasporta ossigeno
5. Parte del sangue che combatte le malattie
6. Parte che aiuta il sangue a coagulare

Risposte
a3 b1 c5 d4 e6 f2

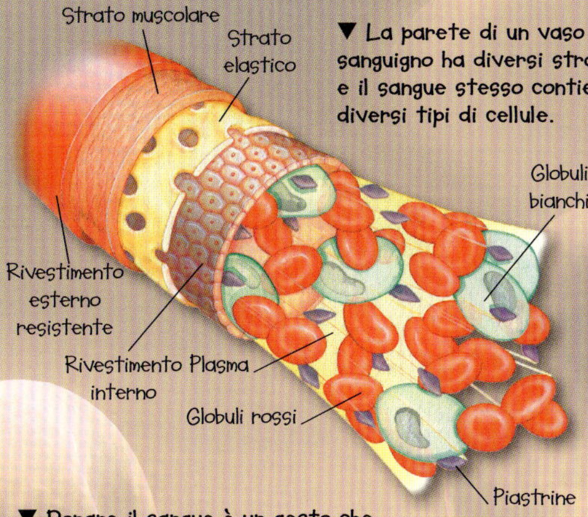

▼ La parete di un vaso sanguigno ha diversi strati e il sangue stesso contiene diversi tipi di cellule.

▶ Ogni rene ha circa un milione di piccoli filtri, chiamati nefroni, nel suo strato esterno, o corteccia.

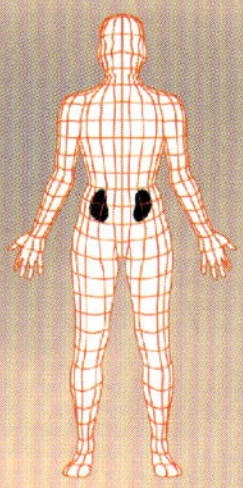

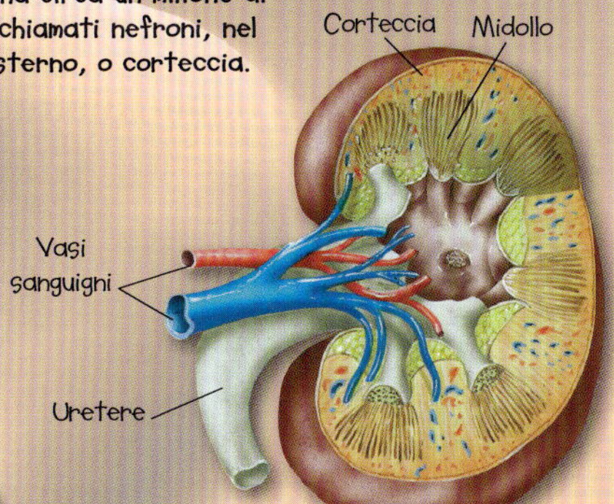

▼ Donare il sangue è un gesto che salva molte vite ogni anno.

270

Il sangue viene filtrato dai due reni, situati al centro della schiena. Filtrano il sangue e producono un liquido chiamato urina, che contiene sostanze indesiderate e di scarto, più l'acqua in eccesso o "di riserva". L'urina scorre da ogni rene lungo un tubo, l'uretere, in una sacca elastica, la vescica. Resta conservata qui fino a quando decidi di liberartene.

Il cuore pulsante

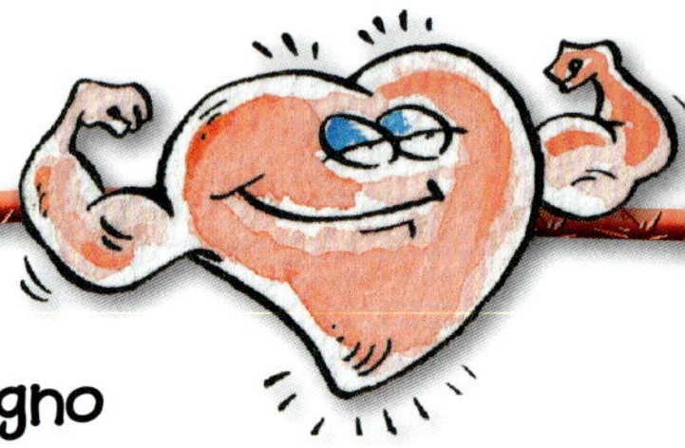

271 Il cuore è grande circa quanto il pugno chiuso del suo proprietario. È una sacca cava di un muscolo molto forte, chiamato muscolo cardiaco o miocardio. Questo muscolo non si stanca mai. Si contrae almeno una volta al secondo, per tutta la vita. La contrazione, o battito cardiaco, spreme il sangue all'interno del cuore nelle arterie. Quando il cuore si rilassa, si riempie nuovamente di sangue dalle vene.

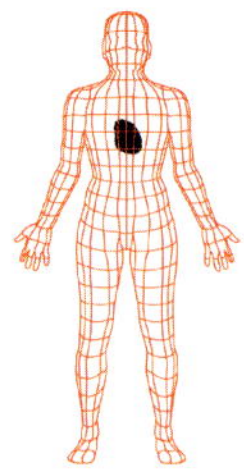

272 All'interno del cuore ci sono non una, ma due pompe affiancate. La pompa sinistra manda il sangue in tutto il corpo, dalla testa ai piedi, per fornire ossigeno (circolazione sistemica). Il sangue torna alla pompa destra e viene inviato ai polmoni, per raccogliere più ossigeno (circolazione polmonare). Il sangue ritorna alla pompa sinistra e ricomincia il viaggio.

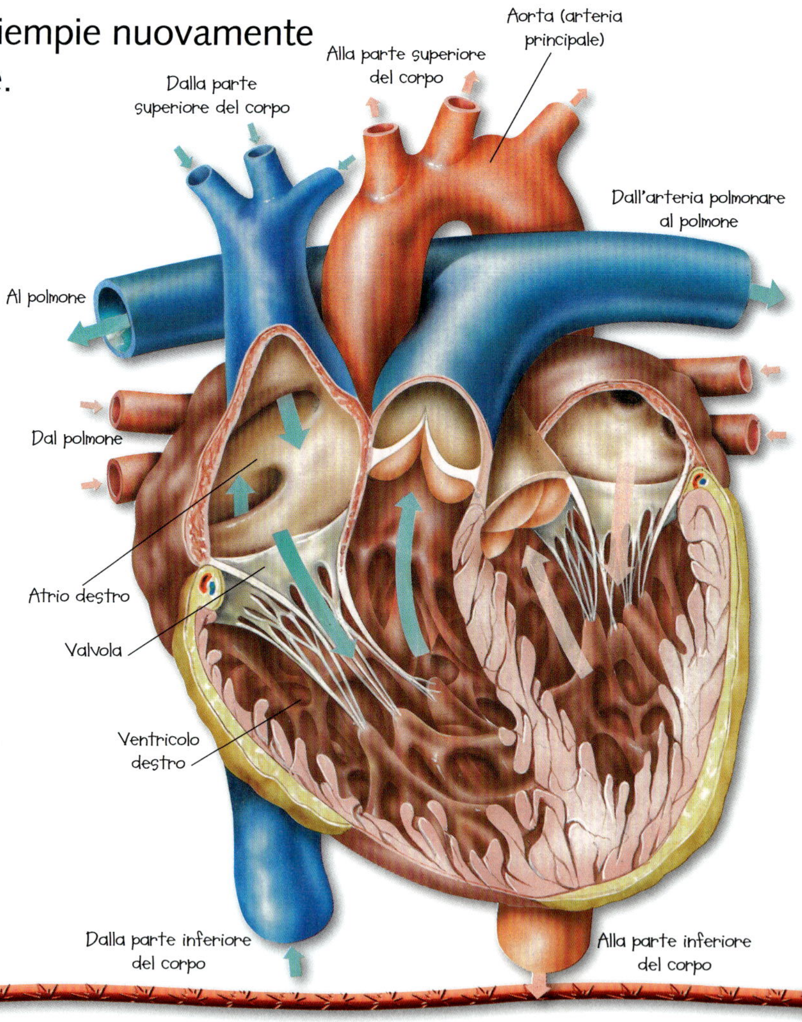

▶ Il cuore è costituito da due pompe affiancate, ogni pompa ha due camere, l'atrio superiore e il ventricolo inferiore.

273 **All'interno del cuore ci sono quattro serie** di lembi pieghevoli chiamati valvole, che si aprono per far fluire il sangue nel modo giusto. Se il sangue va nel verso sbagliato, spinge i lembi insieme e la valvola si chiude. Le valvole si assicurano che il sangue scorra nella direzione corretta, invece di fluire avanti e indietro, dentro e fuori il cuore, a ogni battito.

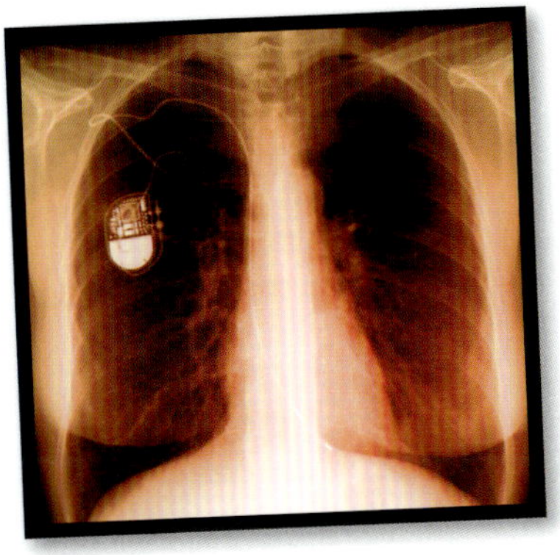

▶ Questa radiografia di un torace mostra un pacemaker che è stato impiantato per controllare un battito cardiaco irregolare.

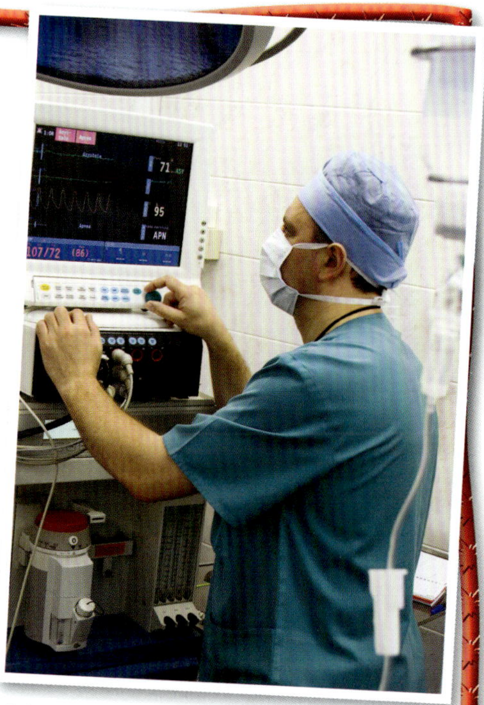

▲ I medici usano macchine ECG per monitorare l'attività elettrica del cuore.

274 **Il cuore è la parte più attiva del corpo** e ha bisogno di molta energia. Il sangue scorre attraverso piccoli vasi, che si ramificano sulla sua superficie e scendono nelle sue pareti. Sono i vasi coronarici.

275 **Il cuore batte a ritmi diversi,** a seconda di ciò che il corpo sta facendo. Quando i muscoli sono attivi hanno bisogno di più energia e ossigeno, portati dal sangue. Per questo il cuore batte più velocemente, almeno 120 volte al minuto. A riposo, il cuore rallenta a 60-80 battiti al minuto.

QUANTO È VELOCE IL TUO BATTITO CARDIACO?

Cosa ti serve

imbuto di plastica • carta da lucido
tubo di plastica (flessibile) • nastro adesivo

Puoi sentire il tuo cuore e contare i suoi battiti con un dispositivo chiamato stetoscopio.

1. Stendi la carta da lucido sull'estremità larga dell'imbuto e fissala con il nastro adesivo. Spingi un breve tratto di tubo sull'estremità stretta dell'imbuto.
2. Posiziona l'estremità larga sul tuo cuore, appena a sinistra del petto, e appoggia l'orecchio all'estremità del tubo. Ascolta e conta i battiti cardiaci.

Guardare e ascoltare

276 Il corpo scopre il mondo che lo

circonda attraverso i sensi: il senso principale è la vista. Gli occhi rilevano la luminosità, i colori e gli schemi dei raggi di luce, e li trasformano in modelli di segnali nervosi che inviano al cervello. Più della metà della conoscenza, delle informazioni e dei ricordi immagazzinati nel cervello entra nel corpo attraverso gli occhi.

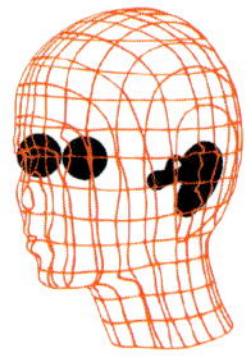

▶ L'occhio è mosso da sei piccoli muscoli e all'interno è riempito di un fluido chiaro, l'umor vitreo.

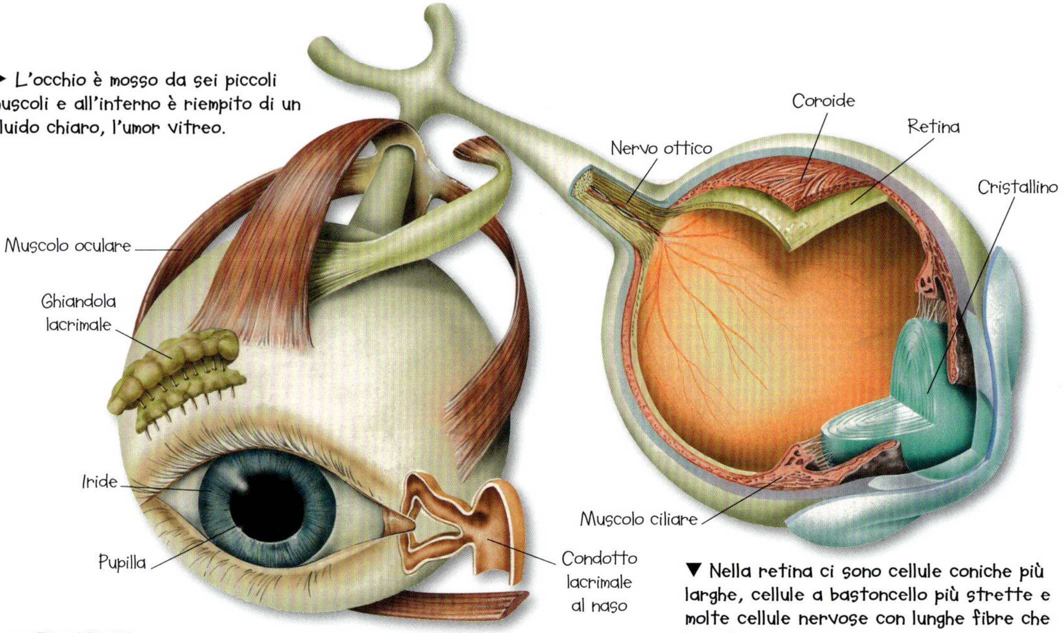

▼ Nella retina ci sono cellule coniche più larghe, cellule a bastoncello più strette e molte cellule nervose con lunghe fibre che le collegano.

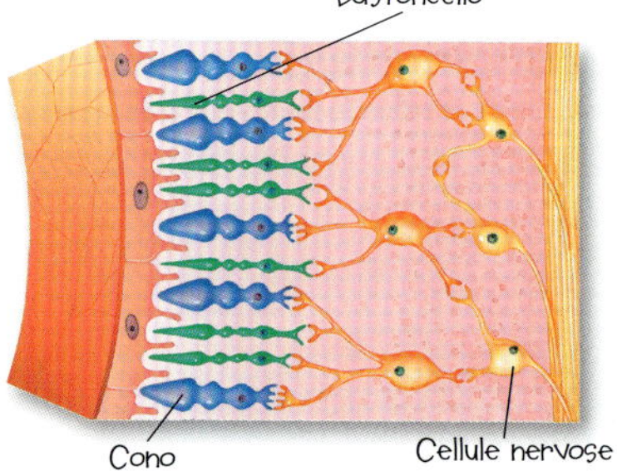

277 L'occhio è una sfera di circa 2,5 cm di

diametro. Nella parte anteriore c'è una cupola trasparente, la cornea, che filtra la luce attraverso un foro scuro appena dietro, la pupilla. La luce passa poi attraverso il cristallino, una lente a forma di mandorla, che piega i raggi per far risplendere un'immagine chiara sul retro dell'occhio, la retina. che ha 125 milioni di cellule, bastoncelli e coni, che rilevano la luce e inviano segnali nervosi al cervello lungo il nervo ottico.

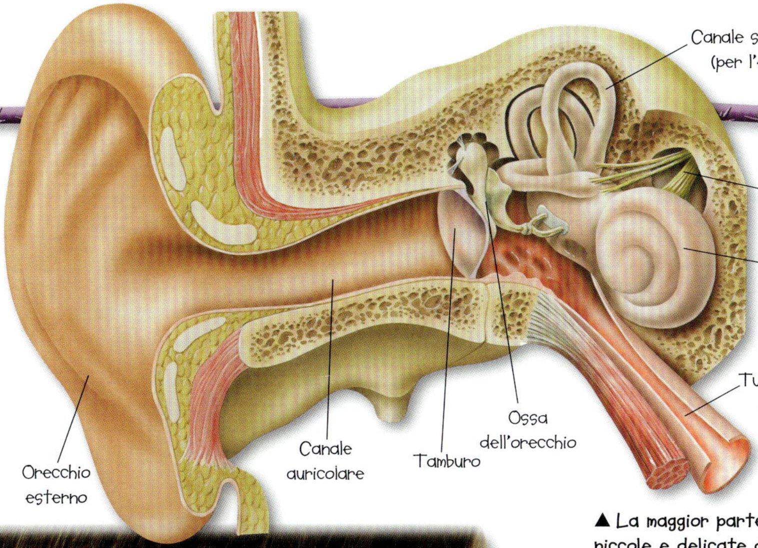

▲ La maggior parte delle parti piccole e delicate dell'orecchio sono poste all'interno della testa, ben protette dalle ossa del cranio che le circondano.

Bomba atomica 210 dB

Decollo di un jet 140 dB

Tuono 100 dB

Conversazione 40 dB

Fruscio delle foglie 10 dB

▶ L'intensità, o volume, dei suoni si misura in decibel (dB). Un rumore superiore a circa 90 dB può danneggiare l'udito.

◀ Alcune persone hanno bisogno di un aiuto per sentire correttamente. Un apparecchio acustico indossato all'interno dell'orecchio può aiutarle a sentire meglio.

278 **Il lembo dell'orecchio incanala** le onde sonore lungo un breve tunnel, il canale auricolare, fino al timpano. Le onde sonore colpiscono il timpano, che si scuote o vibra e trasmette le vibrazioni a tre piccole ossa, gli ossicini dell'orecchio,che a loro volta vibrano e trasmettono le vibrazioni a un'altra parte, la coclea.

GESTIRE LA LUCE

Guarda i tuoi occhi allo specchio. Noterai che il foro scuro che lascia entrare la luce, la pupilla, è abbastanza piccolo. La parte colorata intorno alla pupilla, l'iride, è un anello di muscoli.

Chiudi gli occhi per un minuto, poi aprili e guarda con attenzione. La pupilla si riduce rapidamente?

Mentre gli occhi erano chiusi, l'iride rendeva la pupilla più grande, così da far entrare più luce e vedere nell'oscurità. Quando apri gli occhi, l'iride rimpicciolisce la pupilla, per non abbagliarti.

279 **All'interno della coclea,** le vibrazioni passano attraverso il fluido e scuotono file di migliaia di minuscoli peli che crescono da cellule ciliate specializzate. Quando i peli vibrano, le cellule ciliate emettono segnali nervosi, che attraversano il nervo uditivo fino al cervello.

Annusare e assaggiare

▼ Le parti responsabili dell'olfatto si trovano nella parte superiore della grande camera all'interno del naso.

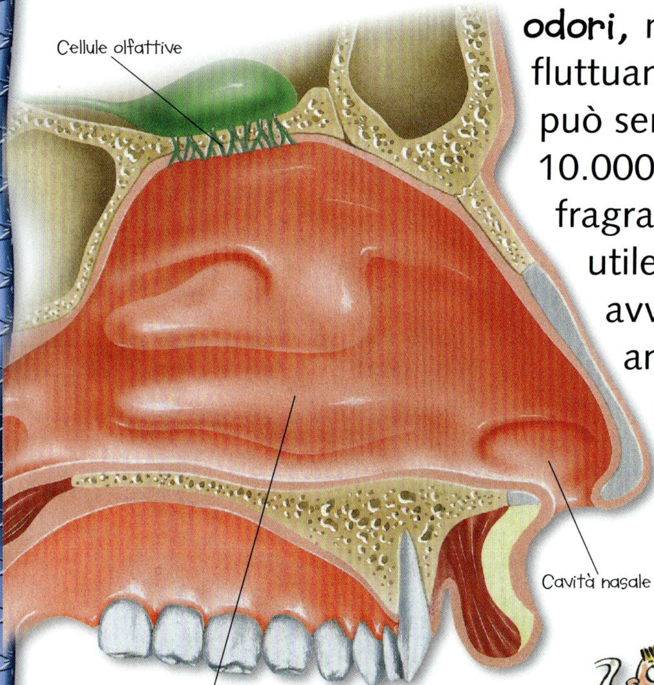

280

Non puoi vedere gli odori, minuscole particelle che fluttuano nell'aria, ma il tuo naso può sentirli. Può rilevare più di 10.000 profumi, odori e fragranze diverse. L'odore è utile, per esempio, perché ti avverte se un cibo è cattivo o andato a male. Ecco perché annusiamo un cibo nuovo o strano prima di provarlo.

281

Le particelle dell'odore fluttuano nell'aria respirata dal naso e attraverso la camera nasale posteriore. Nella parte superiore della camera ci sono due chiazze di rivestimento, ciascuna grande come un'unghia del pollice e con 5 milioni di cellule olfattive. Le particelle atterrano sui peli appiccicosi, e se si inseriscono in zone di atterraggio chiamate recettori, come una chiave in una serratura, i segnali nervosi attraversano il nervo olfattivo fino al cervello.

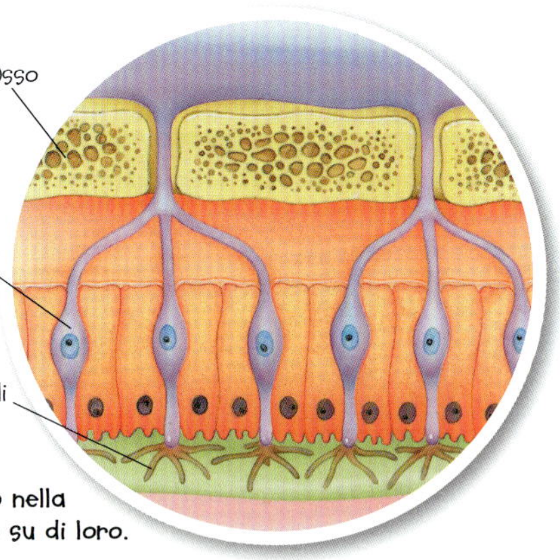

▶ Le cellule olfattive hanno dei micro-peli rivolti verso il basso nella camera nasale, che rilevano le particelle di odore che si posano su di loro.

282 Il muscolo più flessibile del corpo, la lingua, è rivestito di 10.000 microsensori per il gusto. Ogni microsensore è una papilla gustativa e ha la forma di una piccola cipolla. La maggior parte delle papille gustative si trova lungo la punta, i lati e la superficie superiore posteriore della lingua. Sono sparse intorno a lembi e a grumi molto più grandi della lingua.

◀ La lingua è sensibile ai sapori, alla consistenza e alla temperatura.

283 Il gusto funziona in modo simile all'olfatto, ma rileva le particelle di sapore nei cibi e nelle bevande. Le particelle toccano minuscoli peli che spuntano dalle cellule ciliate delle papille gustative. Se le particelle si adattano ai recettori, la cellula capillare crea segnali nervosi, che attraversano i nervi facciali e altri nervi fino al cervello.

DOLCE E ACIDO

La lingua rileva almeno cinque gusti fondamentali.

Quale di questi alimenti è umami (saporito), dolce, salato, amaro o acido?

1. Caffè 2. Limone 3. Pancetta 4. Gelato 5. Fungo

Risposte
1. amaro 2. acido 3. salato
4. dolce 5. umami (saporito)

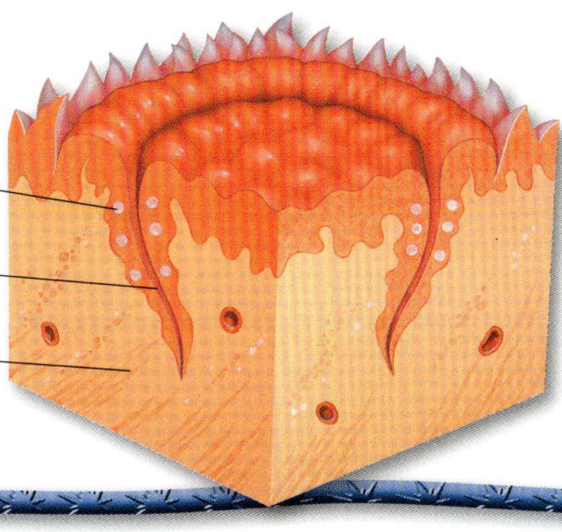

◀ I grandi grumi simili a brufoli sul retro della lingua presentano piccole papille gustative nelle loro profonde fenditure.

Il sistema nervoso

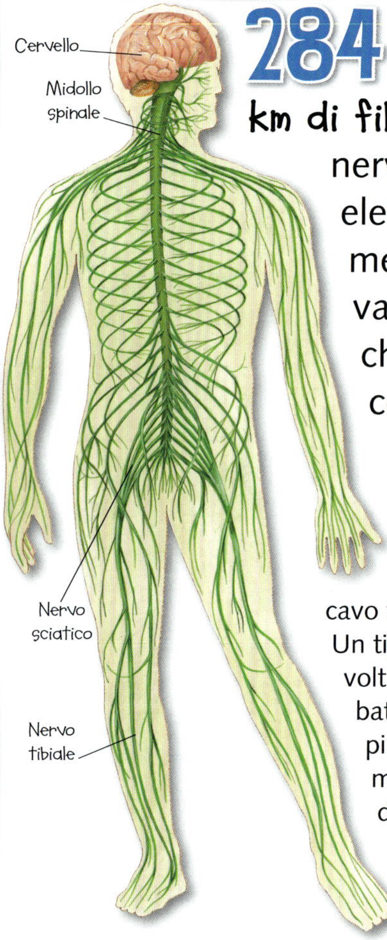

284 **Il corpo contiene migliaia di km di filamenti pallidi e lucidi.** Sono i nervi, che trasportano piccoli impulsi elettrici detti segnali nervosi o messaggi neurali. Formano una vasta rete di invio di informazioni che raggiunge ogni parte, quasi come l'internet del corpo.

285 **Ogni nervo è un fascio di parti molto più sottili chiamate fibre nervose.** Come i fili di un cavo telefonico, questi trasportano i loro segnali nervosi elettrici. Un tipico segnale nervoso ha una forza di 0,1 volt (un quindicesimo della forza di una batteria da torcia). I segnali nervosi più lenti viaggiano a circa mezzo metro al secondo, i più veloci a più di 100 metri al secondo.

◀ I nervi si diramano dal cervello e dal midollo spinale a ogni parte del corpo.

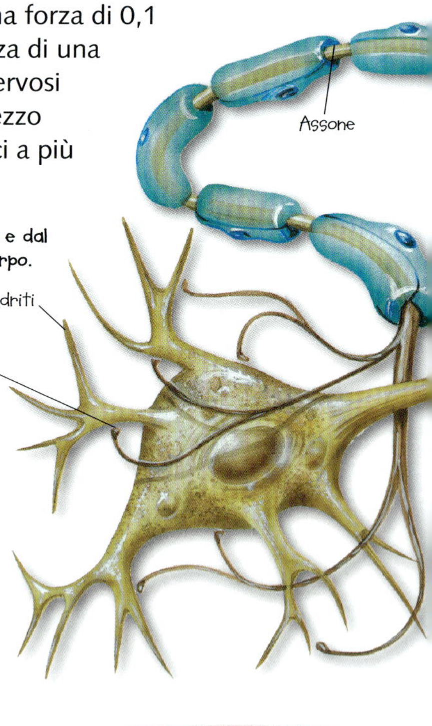

286 **Tutti i segnali nervosi sono simili, ma ce ne sono due tipi principali, a seconda di dove sono diretti.** I segnali nervosi sensoriali viaggiano dagli organi sensoriali (occhi, orecchie, naso, lingua e pelle) al cervello. I segnali nervosi motori viaggiano dal cervello verso i muscoli, per far muovere il corpo.

▶ Il cervello e i nervi sono fatti di miliardi di cellule specializzate, le cellule nervose o neuroni. Ognuno ha molti piccoli rami, i dendriti, per raccogliere i messaggi nervosi, e un ramo più lungo e spesso, l'assone, per trasmettere i messaggi.

287 **Gli ormoni fanno parte del sistema di controllo interno del corpo.** Un ormone è una sostanza chimica prodotta da una ghiandola. Viaggia nel sangue e influenza altre parti del corpo, per esempio, facendole lavorare più velocemente o rilasciando quantità maggiori della sostanza che producono.

288 **La principale ghiandola ormonale,** l'ipofisi, è anche la più piccola. Situata appena sotto il cervello, ha stretti legami con il sistema nervoso. Controlla principalmente altre ghiandole ormonali. Una è la tiroide nel collo, che influenza la crescita del corpo e la velocità dei suoi processi chimici. Il pancreas controlla come il corpo usa l'energia grazie al suo ormone, l'insulina. Le ghiandole surrenali sono coinvolte nell'equilibrio tra acqua, minerali e sali, e nel nostro modo di reagire allo stress e alla paura.

▲ Sport come lo snowboard ci fanno produrre più adrenalina a causa dell'eccitazione e della paura.

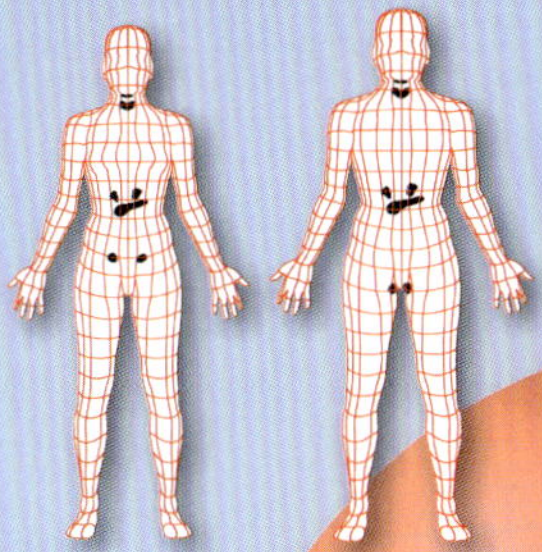

◀ I corpi femminili e maschili hanno più o meno le stesse ghiandole ormonali, tranne le parti riproduttive: ovaie nella femmina (a sinistra) e testicoli nel maschio (a destra).

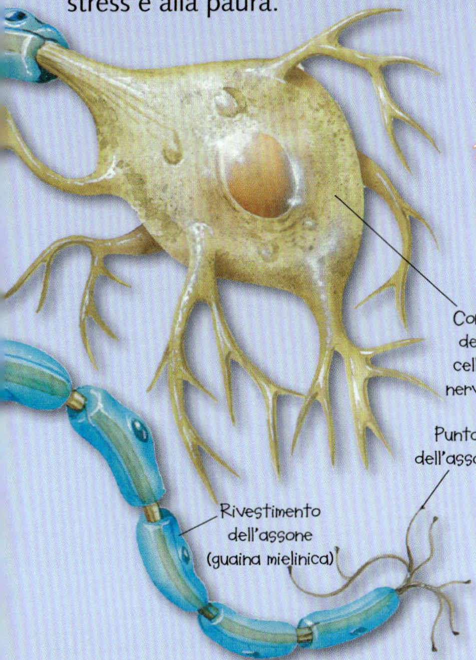

È ORA DI REAGIRE!

Cosa ti serve

un amico • un righello

1. Chiedi a un amico di tenere un righello dalla parte in cui la misura è più alta, in modo che penda verso il basso. Metti il pollice e le altre dita all'altezza dell'altra estremità, pronto ad afferrare.
2. Quando il tuo amico lascia la presa, afferra il righello e misura dove si trova il tuo pollice. Scambiatevi i ruoli in modo che anche il tuo amico possa provarci.
3. La persona che afferra il righello più vicino all'estremità inferiore è la più reattiva. Per afferrare il righello, i segnali nervosi viaggiano dall'occhio, al cervello, e di nuovo ai muscoli del braccio e della mano.

Il cervello

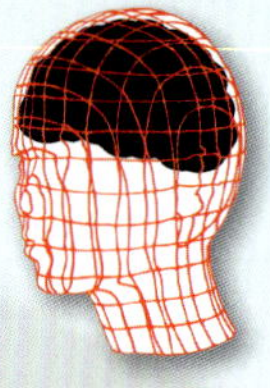

289 **Il tuo cervello è grande come i tuoi due pugni affiancati.** È il luogo dove si pensa, si impara, si risolvono i problemi, si ricorda, ci si sente felici e tristi, ci si pone domande, ci si preoccupa, si hanno idee, si dorme e si sogna.

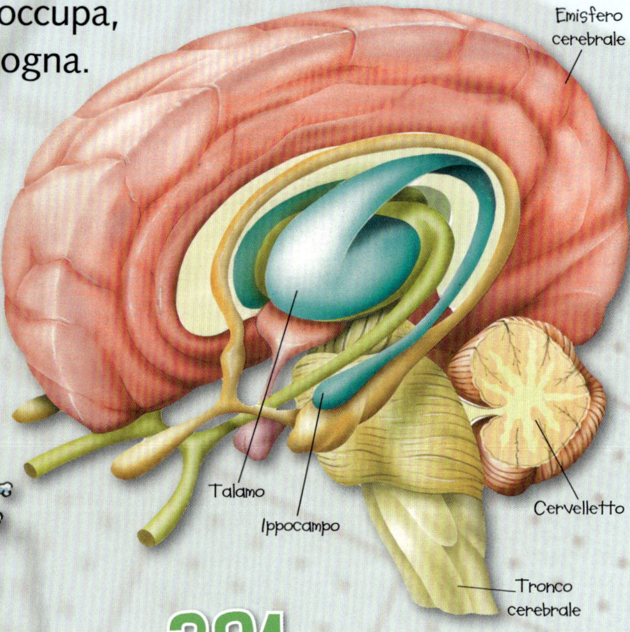

▶ *I due emisferi, le due metà piene di grinze del cervello, sono il luogo dove avviene il pensiero e sono le parti più grandi.*

290 **Il cervello sembra un** grumo rugoso di gelatina grigio-rosa! In media, pesa circa 1,4 kg. Non si muove, ma la sua incredibile attività nervosa consuma un quinto di tutta l'energia necessaria al corpo.

▼ Diverse aree o centri dello strato esterno del cervello, la corteccia cerebrale, si occupano della trasmissione dei messaggi da e verso alcune parti del corpo.

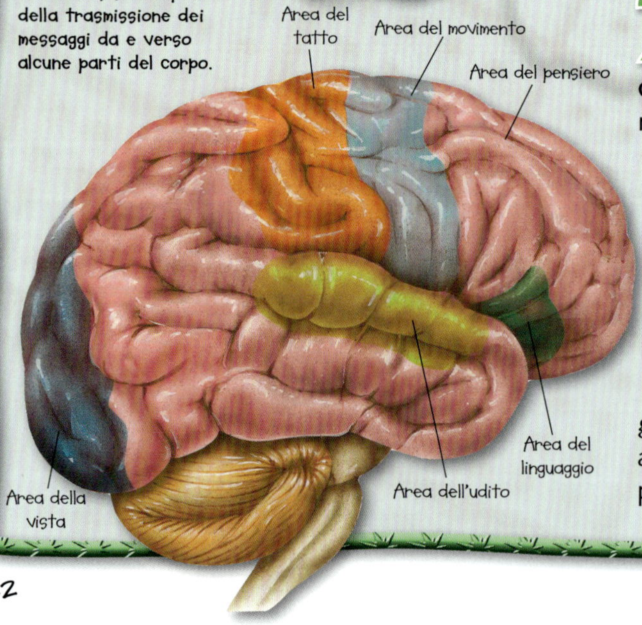

291 **La parte principale del cervello** è quella superiore rigonfia e rugosa, il telencefalo. Diverse aree della sua superficie (corteccia cerebrale) si occupano di trasmettere i segnali nervosi da e verso diverse parti del corpo. Per esempio, i messaggi dagli occhi passano alla parte posteriore inferiore del cervello, chiamata centro visivo. Qui vengono smistati, mentre le cellule del cervello elaborano ciò che gli occhi stanno vedendo. Ci sono anche aree per il tatto, l'udito, il gusto e altri processi corporei.

292 **Il cervelletto è la parte** arrotondata e rugosa nella zona posteriore del cervello. Elabora i messaggi del centro motorio, ordinandoli e coordinandoli nei minimi dettagli, per inviarli alle centinaia di muscoli del corpo. È così che impariamo movimenti abili e precisi come scrivere, andare sullo skateboard o suonare uno strumento (o tutti e tre), quasi senza pensare.

▲ Il nostro cervello ci permette di attingere alla memoria, esprimendo emozioni.

293 **Il tronco cerebrale è la parte** inferiore del cervello, dove si unisce al nervo principale del corpo, il midollo spinale. Controlla i processi vitali di base, come respirazione, battito cardiaco, digestione del cibo e la rimozione dei rifiuti.

294 **Il cervello ha davvero** delle "onde cerebrali". Ogni secondo riceve, ordina e invia milioni di segnali nervosi. Speciali elettrodi fissati alla testa possono rilevare questi minuscoli impulsi elettrici. Sono mostrati su uno schermo o su una striscia di carta come linee ondulate chiamate elettroencefalogramma (EEG).

▼ Le "onde" del cervello (registrazioni EEG) cambiano a seconda che la persona sia sveglia e pensi intensamente, riposi, si addormenti o dorma profondamente.

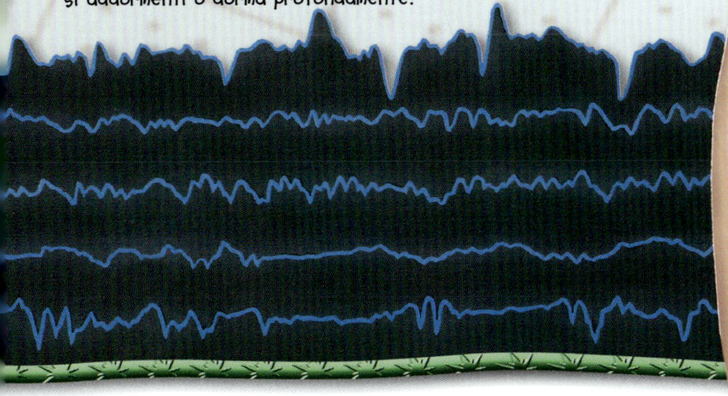

NON CI CREDO!

Il cervello non dorme mai! Le onde EEG mostrano che di notte è quasi altrettanto occupato di quando siamo svegli. Controlla ancora il battito cardiaco, la respirazione e la digestione. Esamina anche gli eventi della giornata e immagazzina i ricordi.

Un corpo sano

295 Nessuno vuole star male, ed è facile ridurre il rischio di ammalarsi o di sviluppare una malattia. Il corpo ha bisogno delle giuste quantità di diversi alimenti, specialmente di cibi freschi come frutta e verdura. E nemmeno di troppo cibo, altrimenti diventerà grasso.

296 Un altro modo eccellente per stare bene è praticare sport o esercizio fisico. L'attività mantiene i muscoli forti, le ossa robuste e le articolazioni flessibili. Accelerano respirazione e battito cardiaco, mantengono sani polmoni e il cuore.

297 I germi sono ovunque: nell'aria, sul nostro corpo e su quasi tutto ciò che tocchiamo. Se ci teniamo puliti facendo la doccia o il bagno, e soprattutto se ci laviamo le mani dopo aver usato il bagno e prima di mangiare, allora i germi hanno meno possibilità di attaccarci.

298 La salute non è solo nel corpo, ma anche nella mente. Troppe preoccupazioni e stress possono causare molte malattie, come mal di testa e disturbi digestivi. Ecco perché è importante parlare dei problemi e condividerli con qualcuno che ci possa aiutare.

▼ I germi sulle mani possono finire dal nostro cibo al nostro corpo. Quindi è importante lavarsi le mani prima dei pasti.

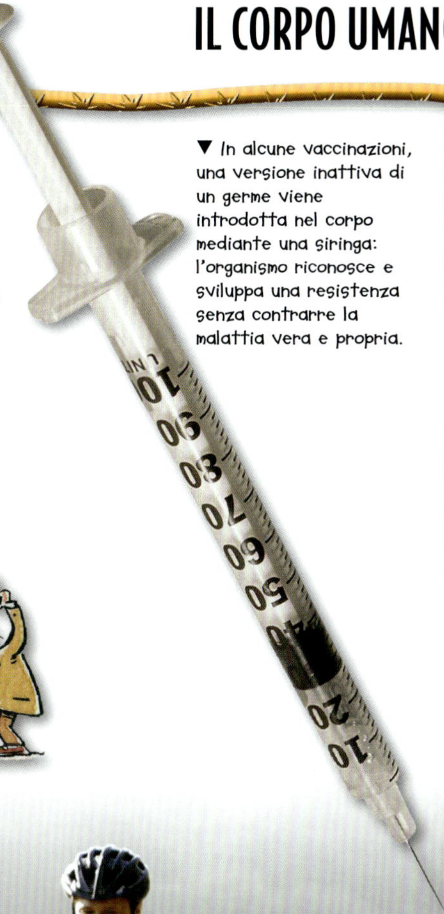

▼ In alcune vaccinazioni, una versione inattiva di un germe viene introdotta nel corpo mediante una siringa: l'organismo riconosce e sviluppa una resistenza senza contrarre la malattia vera e propria.

299 Medici e infermieri ci aiutano a guarire dalle malattie, oltre che a prevenirle.

Controlli regolari dal dentista, dall'oculista e dal medico di base sono vitali. Per la maggior parte delle persone le vaccinazioni aiutano anche a proteggere dalle malattie. È bene segnalare qualsiasi problema di salute appena compare, prima che diventi troppo grave.

300 Tutti centenari! Sempre più persone

arrivano a 100 anni e oltre e molti raggiungono questo traguardo con un corpo ancora in salute. Come vorresti trascorrere il tuo centesimo compleanno?

▼ L'esercizio fisico mantiene il corpo in forma e in salute ed è anche divertente. È sempre meglio ridurre i rischi di avere un incidente indossando un casco protettivo.

▼ Non sappiamo con certezza come fosse la Terra più di 3.000 milioni di anni fa, prima dell'inizio della vita. C'erano molti vulcani, ma nessun oceano.

301 **La Terra ha circa 4.600 milioni di anni.** All'inizio il nostro pianeta non poteva sostenere la vita. Era una massa di roccia bollente e liquida, spesso colpita da meteoriti (rocce provenienti dallo spazio). Nel corso di milioni di anni la Terra si è raffreddata e le condizioni sono cambiate, rendendo possibile l'esistenza della vita. Le prime forme di vita apparvero sulla Terra circa 3.500 milioni di anni fa.

302 **I primi organismi erano** semplici, con una sola cellula. Le cellule sono i minuscoli mattoni di cui sono formati tutti gli esseri viventi. Nel corso di milioni di anni la vita è diventata varia e complessa, adattandosi agli ambienti mutevoli della Terra. Per esempio, il regno animale comprende uccelli, insetti, pesci, rettili e mammiferi. Questo sviluppo sorprendente si chiama "evoluzione".

303 **L'evoluzione è stata** studiata per più di 100 anni. Nel XVIII secolo, scienziati come Charles Darwin (1809-1882) iniziarono a formulare teorie per spiegare i grandi cambiamenti della vita nel corso del tempo. Da allora, gli scienziati hanno continuato a esaminare gli esseri viventi e i fossili (i resti di organismi un tempo viventi conservati nelle rocce) per spiegare come funziona l'evoluzione.

L'enigma della vita

304 **Una specie è un tipo di** essere vivente. Tutti gli esemplari di una specie hanno un aspetto simile. Possono riprodursi e dare vita a una prole (dei piccoli). Oggi esistono milioni di specie diverse, così come ce ne sono state milioni ormai estinte.

▼ Ognuna di queste farfalle è una specie diversa. Non si riproducono tra loro e hanno un aspetto diverso.

305 **Darwin non fu il primo scienziato** a scrivere sull'evoluzione. Jean-Baptiste Lamarck (1744-1829) sviluppò una teoria secondo cui se un animale si adattava al suo ambiente i cambiamenti sarebbero stati trasmessi ai suoi discendenti. Anche se non del tutto corrette, le sue idee suscitarono interesse. Altri scienziati misero in dubbio che Dio avesse creato le specie come esistono oggi.

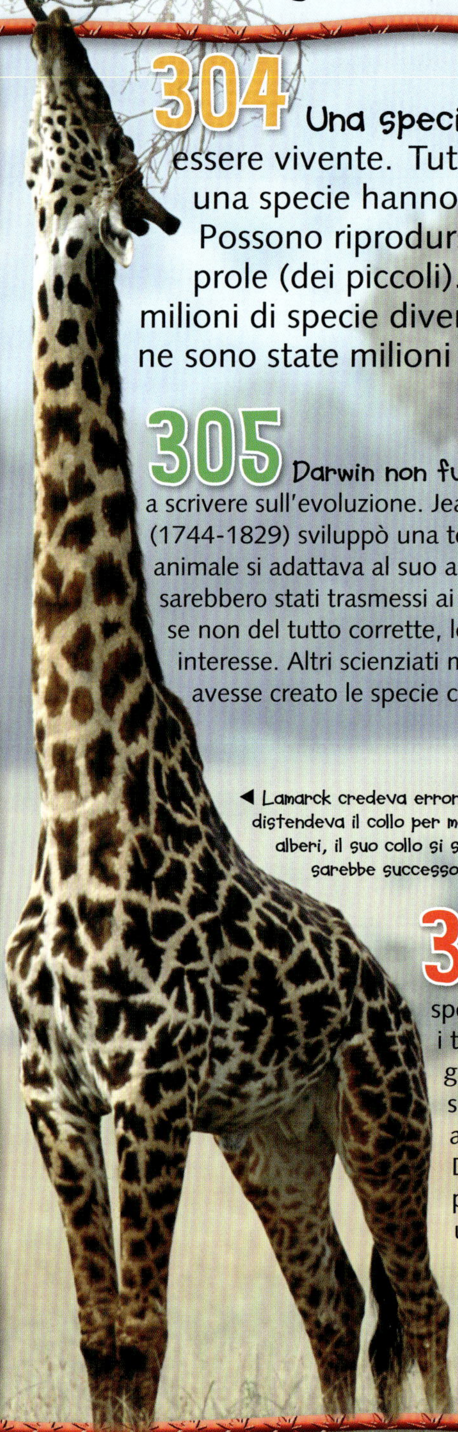

◀ Lamarck credeva erroneamente che se una giraffa distendeva il collo per mangiare le foglie alte degli alberi, il suo collo si sarebbe allungato questo sarebbe successo anche ai suoi discendenti.

306 **Per secoli si è pensato che le** specie non potessero cambiare. Darwin studiò i tordi delle Galápagos e trovò differenze tra gli esemplari. Pensava che gli uccelli si fossero adattati ai diversi ambienti delle isole. Darwin dimostrò che una specie può cambiare nel tempo e non ha un aspetto "fisso".

▶ Mentre Darwin esplorava le isole Galápagos, notò piccole differenze tra le specie di tordo diffuse su ogni isola.

▲ Tutte le banane dello stesso albero sono cloni l'una dell'altra. Hanno lo stesso DNA e quindi sono geneticamente identiche.

307 **Ogni nuovo individuo** eredita i geni dai genitori (vedi pagina 80). Questi sono mescolati in modo che i discendenti prendano caratteristiche di entrambi. Ciò crea una variazione, che è essenziale per l'evoluzione perché permette lo sviluppo di nuove caratteristiche. Un clone è un individuo geneticamente identico a un altro.

308 **Una mutazione è un** cambiamento all'interno del DNA. Se il DNA viene alterato o danneggiato, il suo codice cambia e viene creata una nuova forma del gene. Le mutazioni sono importanti perché possono essere ereditate. Se una specie sviluppa una caratteristica utile, questa sarà trasmessa ai suoi discendenti.

309 **Un gene esiste in diverse forme**. Di solito c'è una forma dominante e una recessiva. Un gene controlla la lunghezza del pelo nei gatti. I peli lunghi sono dominanti e i peli corti sono recessivi. Per essere a pelo corto, un gatto deve ereditare un gene recessivo da entrambi i genitori.

▼ La femmina dell'armadillo a nove fasce di solito ha quattro piccoli. Provengono tutti da un singolo uovo fecondato e dunque sono cloni l'uno dell'altro.

▶ Una mutazione recessiva ha prodotto questa tigre bianca. Le tigri bianche non vedono bene come le normali tigri. Poiché la mutazione non porta benefici alla tigre, è molto meno probabile che il gene venga trasmesso.

La classificazione delle specie

310 Tutti gli organismi sono collegati nella rete della vita. Per tenere traccia del vasto numero di specie, gli esseri viventi possono essere classificati, suddivisi in gruppi.

311 La cladistica è un metodo per classificare la vita. Un clade è un gruppo composto da un antenato (un parente del passato) e da tutti i suoi discendenti viventi ed estinti, che si sono sviluppati da lui. Un clade si basa sulle caratteristiche ereditate, o trasmesse, dall'antenato. Di solito, solo i discendenti hanno la caratteristica specifica.

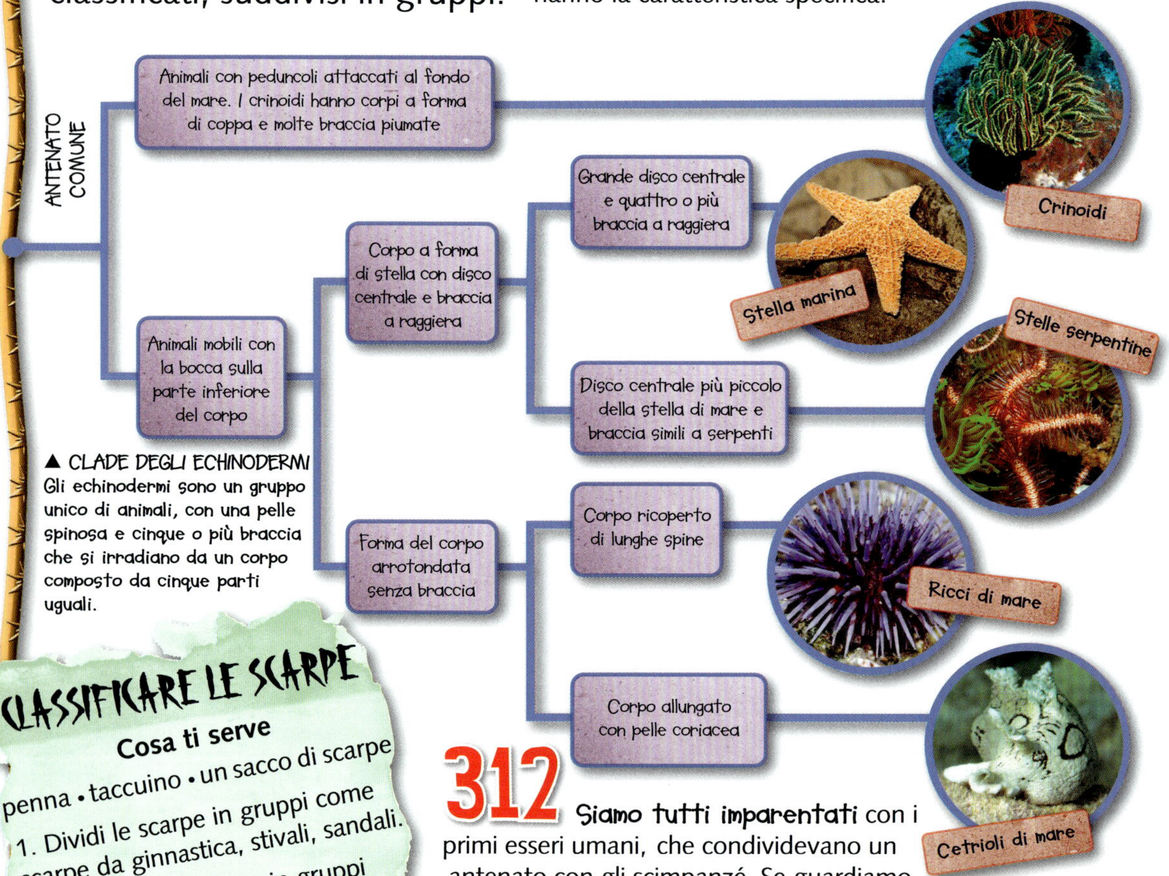

▲ CLADE DEGLI ECHINODERMI
Gli echinodermi sono un gruppo unico di animali, con una pelle spinosa e cinque o più braccia che si irradiano da un corpo composto da cinque parti uguali.

CLASSIFICARE LE SCARPE

Cosa ti serve

penna • taccuino • un sacco di scarpe

1. Dividi le scarpe in gruppi come scarpe da ginnastica, stivali, sandali.
2. Separa ogni gruppo in gruppi più piccoli, in base a caratteristiche come tacchi, lacci e così via.
3. Continua a dividere fino a quando ogni scarpa avrà il suo gruppo. Disegna un grafico per mostrare come hai classificato le scarpe.

312 Siamo tutti imparentati con i primi esseri umani, che condividevano un antenato con gli scimpanzé. Se guardiamo ancora più indietro, tutti i primati – il gruppo di animali che comprende scimmie come gli scimpanzé e l'uomo – condividono lo stesso antenato mammifero, simile a un toporagno.

313 Lo scienziato Carlo Linneo (1707-1778) classificò

gli organismi in modo chiaro e scientifico. Organizzò le specie in gruppi secondo le loro caratteristiche fisiche e diede a ogni specie un nome latino unico. Ogni nome è composto da due parole, per esempio, la tigre è *Panthera tigris*.

SPECIE *Tigre*
Una specie è un tipo di essere vivente. Ci sono sei sottospecie viventi e tre estinte di tigre, ognuna con un aspetto unico.

GENERE *Panthera*
Le specie affini sono unite in un genere. Il leone, la tigre, il leopardo e il giaguaro appartengono a questo genere. Sono gli unici felini che possono ruggire.

FAMIGLIA *Felidae*
I membri di una famiglia sono strettamente legati. Ci sono 41 membri della famiglia dei felini.

ORDINE *Carnivora*
In un ordine, le specie sono raggruppate per caratteristiche comuni. Gli animali dell'ordine dei carnivori sono tutti mammiferi che mangiano carne.

CLASSE *Mammiferi*
Ci sono cinque classi di vertebrati: uccelli, anfibi, rettili, pesci e mammiferi. Tutti i mammiferi hanno peli, respirano aria e allattano i piccoli.

PHYLUM *Chordata*
Gli animali sono raggruppati in diversi phylum a seconda della loro struttura corporea. I cordati hanno un midollo spinale. La maggior parte sono vertebrat[i] (con la spina dorsale).

314 Gli scienziati erano soliti classificare le diverse specie solo in base al loro aspetto.

Per esempio, le piante erano raggruppate secondo la forma delle foglie, o il colore e il numero dei petali. Lo studio del DNA ha fatto cambiare agli scienziati le loro idee sull'evoluzione e riclassificare molte specie.

REGNO *Animalia*
Tutti gli esseri viventi sono suddivisi in cinque gruppi principali, inclusi animali, piante e funghi.

La lotta per la sopravvivenza

315 **Molti fattori influenzano** la sopravvivenza di un animale: malattie, disponibilità di cibo, clima. Alcuni esemplari possono sopravvivere ai cambiamenti e trasmettere i loro geni ai discendenti: questa è la selezione naturale.

◀ Predatori come gli orsi polari cacciano animali deboli o malati. Gli animali più sani e in forma tendono a sopravvivere e a riprodursi.

316 **La selezione naturale** causa cambiamenti in una specie. Gli antenati delle tigri moderne potrebbero aver avuto meno strisce. Queste mimetizzano, aiutando l'animale a confondersi con l'ambiente circostante. Probabilmente, gli antenati con il gene con più strisce sono stati cacciatori migliori, quindi hanno avuto più discendenti, trasmettendo i geni del manto a strisce.

▼▶ Ecco tre diversi modi in cui gli animali si sono evoluti per garantire la trasmissione dei loro geni.

ASPETTO
Un aspetto mimetico dà a questa tigre un vantaggio naturale durante la caccia.

SELEZIONE SESSUALE
I cervi con le corna più grandi e la migliore tecnica di combattimento hanno più probabilità di riprodursi.

UN SACCO DI FIGLI
Alcuni animali, come i rospi, devono avere numerosi piccoli perché molti di loro non sopravvivono fino all'età adulta.

317 **Quando le specie cambiano a causa** della selezione naturale, avviene l'evoluzione. Questo processo di selezione ha portato a tutte le diverse specie in vita oggi. È anche una delle ragioni per cui le specie possono estinguersi, visto che gli animali meno adatti all'ambiente non sopravvivono.

QUIZ

1. Dove si trovano le Isole Galápagos?
2. Quale forma di becco è la migliore per nutrirsi di nettare?
3. Cosa significa "estinto"?

Risposte
1. Al largo delle coste del Sud America 2. Lungo e appuntito 3. Morto senza più discendenti

318 **Quando una specie viene separata e isolata,** si può verificare un'evoluzione. Quando alcuni esemplari vengono isolati dagli altri della stessa specie, possono riprodursi solo tra di loro. Adattandosi alle nuove condizioni locali, si evolvono in una nuova specie, incapace di riprodursi con il gruppo originale da cui si è separata.

319 **Un gruppo di animali può essere** isolato da un fiume, un oceano o una catena montuosa. Le isole Galápagos sono isolate dall'America del Sud dall'Oceano Pacifico. Migliaia di anni fa, alcuni fringuelli furono spinti lì da forti venti e vi rimasero, si riprodussero, evolvendosi separatamente dagli uccelli di terraferma.

▼▶ Le isole Galápagos offrono una varietà di ambienti ai quali i fringuelli si sono adattati.

▼▶ Ci sono circa 14 specie diverse di fringuelli sulle isole Galápagos. Ognuna ha un becco diverso, adatto alla sua dieta.

Fringuello di cactus comune
Becco lungo e appuntito
Dieta nettare di fiori di cactus

Fringuello terricolo grosso
Becco largo e spesso
Dieta noci, semi e frutti di cactus

Fringuello arboricolo beccogrosso
Becco corto, spesso, simile al pappagallo
Dieta germogli di piante, fiori, foglie

Fringuello picchio
Becco appuntito e stretto
Dieta insetti e larve

In cerca di prove

320 **Per dimostrare come si** evolvono le specie, gli scienziati cercano prove. Esaminano e confrontano rocce, fossili e DNA per trovare indizi a sostegno delle loro teorie.

322 **Lo studio delle rocce** può dirci molto del clima sulla Terra milioni di anni fa. Le rocce ricche di coralli e scheletri di altri animali marini si sono formate quando gli oceani tropicali coprivano la terra.

▼ I celacanti erano stati ritenuti estinti fino a quando un esemplare vivente fu trovato nel 1938. Discendono dal gruppo di pesci che si sono evoluti in anfibi.

321 **I fossili ci mostrano** le piante e gli animali di milioni di anni fa. Gli scienziati confrontano le specie viventi con i fossili delle specie estinte per vedere quanto si sono evolute nel tempo.

323 **Gli scienziati possono estrarre** il DNA dalle cellule viventi per leggere il loro codice genetico. Confrontano il DNA di diversi organismi per vedere quanto sono strettamente imparentati. I parenti più stretti hanno un DNA simile.

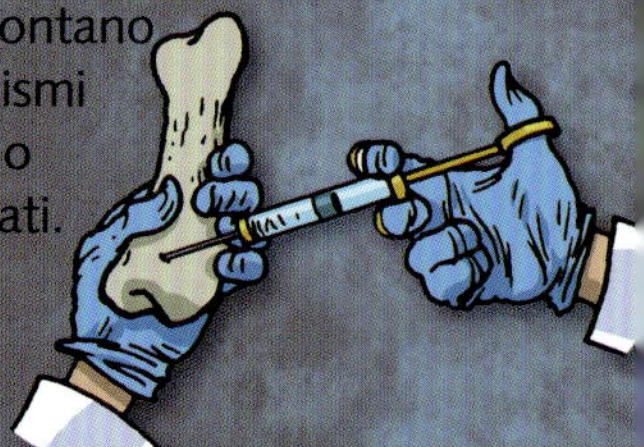

◀ Questo fossile di celacanto mostra che il pesce è cambiato poco nel tempo.

I tenrec sono piccoli animali spinosi che si trovano soprattutto in Madagascar. I loro parenti più prossimi sono gli elefanti e gli oritteropi

L'echidna australiana sfrutta il suo lungo muso per trovare formiche e termiti

I ricci si trovano in Europa, Africa, parti dell'Asia e Nuova Zelanda

▲ I tenrec, i ricci e le echidne sono specie non imparentate, eppure ognuna di loro ha sviluppato caratteristiche corporee simili perché vivono in ambienti simili.

324

Alcune specie non correlate hanno sviluppato tratti simili. Gli animali in diverse parti del mondo hanno spine per proteggersi, mentre colibrì, farfalle e opossum hanno tutti una lunga lingua per raggiungere il nettare dei fiori. Questo fenomeno si chiama evoluzione convergente.

325

La diffusione degli animali nel mondo ci dice come si sono evoluti. Quando il Madagascar si è separato dall'Africa, i lemuri (un tipo di primati) si sono isolati e si sono evoluti separatamente dagli altri primati africani.

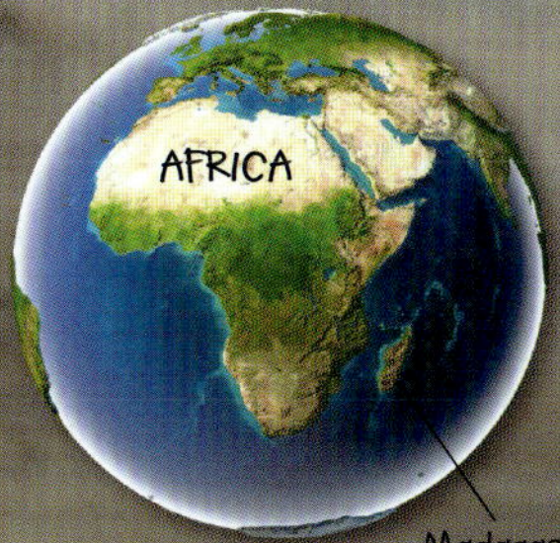

▲ Il Madagascar si è separato dalla costa dell'Africa circa 165 milioni di anni fa.

▲ I lemuri, come questi esemplari dalla coda ad anelli, si trovano solo in Madagascar.

Indizi fossili

326 **I fossili sono i resti di** organismi viventi conservati nel terreno. La maggior parte dei fossili sono di animali, ma anche le piante possono essere fossilizzate. I fossili più antichi appartengono a cianobatteri vissuti più di 3.000 milioni di anni fa.

327 **La formazione dei fossili è un processo lento.** Alcuni si formano in soli 10.000 anni, ma la maggior parte richiede più tempo, di solito centinaia di migliaia o addirittura milioni di anni!

328 **Quando un animale muore**, se suo corpo finisce sepolto sotto uno strato di fango e sabbia le parti molli del corpo marciscono, quelle dure, come le ossa, si conservano e diventano simili alla roccia.

▼ Un fossile di magnolia (a sinistra) quasi identico al frutto della pianta vivente.

▲ Questi paleontologi (scienziati che studiano la storia della vita sulla Terra) stanno lavorando a uno scavo nel Wyoming, negli Stati Uniti, dove sono stati trovati fossili di dinosauro.

VERO O FALSO?

1. I fossili possono avere milioni di anni.
2. Più profonda è la roccia, più giovane è il fossile.
3. I fossili hanno aiutato Darwin a elaborare la sua teoria sull'evoluzione.

Risposte
1. Vero 2. Falso, di solito più profonda è la roccia più vecchio è il fossile 3. Vero

▶ Questi fossili di animali rimasti intrappolati nel catrame sono stati trovati presso La Brea Tar Pits, vicino a Los Angeles.

329 Gli scienziati

Gli scienziati capiscono come viveva una specie estinta dal fossile. Per esempio, struttura e articolazioni delle gambe di un animale mostrano come camminava e come erano disposti i muscoli sullo scheletro.

330 Lo studio dei fossili

Lo studio dei fossili ha aiutato Darwin a elaborare la sua teoria sull'evoluzione. Notò che i fossili di animali trovati sulle isole di Capo Verde e le isole Falkland nell'Oceano Atlantico avevano un aspetto diverso da quelli trovati sulla terraferma sudamericana, fornendogli idee sulla separazione e l'isolamento.

331 I fossili possono essere datati

I fossili possono essere datati per scoprire quando l'animale è vissuto sulla Terra. Un modo è quello di calcolare l'età della roccia in cui sono stati trovati. Per calcolare l'età assoluta di un fossile, si utilizza la datazione al carbonio. Tutti gli esseri viventi contengono radioattività naturale, che si disperde a un ritmo costante. La quantità rimanente permette di datare il fossile.

L'evoluzione nel tempo

332 La Terra esiste da molto tempo: 4.600 milioni di anni. È difficile immaginare un tempo così lungo, quindi proviamo a rappresentare i fatti in un giorno, in 24 ore.

333 Sono trascorsi milioni di anni prima della comparsa dei primi organismi viventi sulla Terra. Il primo batterio, formato da una sola cellula, è comparso poco prima delle 6 del mattino, cioè circa 3.500 milioni di anni fa. La prima cellula con un nucleo si è evoluta molto tempo dopo, intorno alle 14.00!

334 L'evoluzione è stata lenta all'inizio. Sono passate diverse ore prima dell'inizio dell'evoluzione degli organismi multicellulari, organismi formati da molte cellule unite tra loro. Entro le 19:00, c'erano alghe e meduse negli oceani. Poco dopo le 21:00, circa 530 milioni di anni fa, gli oceani erano pieni di vita, con un numero enorme di trilobiti (creature marine dal guscio duro) e altre creature.

335 Gli animali si spostarono sulla terraferma Intorno alle 22.00 gli insetti volavano nei cieli. I dinosauri dominarono la Terra dalle 23.00 circa, mentre i primi piccoli mammiferi apparvero poco dopo.

▲ Questo schema mostra l'evoluzione della vita dai primissimi organismi apparsi più di 3.000 milioni di anni fa all'uomo moderno.

CRONOLOGIA DELL'EVOLUZIONE

1 Cellule semplici
2 Cianobatteri
3 Cnidari (animali dal corpo molle)
4 Ediacara (primi animali marini)
5 *Anomalocaridi* (artropodi-animali con corpi segmentati e senza spina dorsale)
6 Scarafaggio (insetto)
7 Cicadofita (pianta conica)
8 Celacanto (pesce)
9 *Diadecte* (anfibio simile a un rettile)
10 *Dimetrodonte* (piccolo, primo rettile)
11 Plesiosauro (rettile marino)
12 *Lilienstennus* (dinosauro)
13 *Pteranodonte* (rettile volante)
14 Brachiosauro (grande dinosauro)
15 Magnolia (pianta da fiore)
16 *Archaeopteryx* (primo uccello)
17 *Quetzalcoatlus* (pterosauro – rettile volante)
18 *Tyrannosaurus rex* (dinosauro)
19 Moa (uccello incapace di volare)
20 *Plesiadapis* (primo mammifero)
21 *Paraceraterio* (mammifero simile al rinoceronte)
22 Tigre dai denti a sciabola (mammifero carnivoro)
23 *Macrauchenia* (mammifero ungulato)
24 Lupo (mammifero carnivoro)
25 *Homo sapiens* (uomo moderno)

336 È difficile credere che gli esseri umani esistano da un tempo relativamente breve. L'uomo moderno è arrivato sulla Terra... un minuto prima della mezzanotte, circa 200.000 anni fa!

337 Comprendere l'orologio evolutivo aiuta gli scienziati a capire la velocità dell'evoluzione. Nel corso degli ultimi 4.600 milioni di anni, le specie sono apparse e poi scomparse, per essere sostituite da altre specie più adatte agli ambienti mutevoli.

L'inizio della vita

338 **Per alcune centinaia di milioni di anni,** la Terra era una massa calda di roccia fusa e gas. L'atmosfera conteneva vapore acqueo, anidride carbonica e azoto, ma non ossigeno. Gradualmente, la superficie si raffreddò, si formarono le nuvole e il vapore acqueo cadde sotto forma di pioggia, che si riversò sulla terra per creare gli oceani.

◀ La Terra aveva un aspetto molto diverso 3.000 milioni di anni fa, durante un periodo chiamato Archeano. Gran parte del pianeta era ricoperto dagli oceani.

339 **Con l'arrivo degli oceani, le** condizioni divennero più adatte all'evoluzione degli esseri viventi. Apparvero aminoacidi, proteine e DNA. Gli scienziati hanno elaborato molte teorie su come queste sostanze chimiche sono state create e come si sono unite per formare le cellule.

▼ Gli stromatoliti, un tipo di cianobatteri, sono stati tra i primi fossili. Si possono ancora vedere a Shark Bay, in Australia.

340 **Il raffreddamento** proseguì e circa 3.500 milioni di anni fa si svilupparono le prime cellule, i cianobatteri. Crescevano nelle parti soleggiate dell'oceano e sfruttavano la luce del sole per produrre cibo. Durante questo processo, rilasciavano ossigeno nell'atmosfera.

341 **Per i successivi 2.500–3.000 milioni di anni, la vita fu molto semplice.** C'erano batteri, animali semplici e piante, ma nessun animale con testa, corpo e coda.

▶ I primi animali erano a corpo molle come le meduse. Il *Charnia* era uno strano animale che sembrava più una pianta.

342 **Circa 570-600 milioni di anni fa, l'evoluzione decollò.** All'interno di un centinaio di milioni di anni circa, si svilupparono migliaia di nuove specie. Negli oceani c'erano alghe che, come i cianobatteri, sfruttavano la luce per produrre cibo, e negli oceani c'era abbondanza di animali.

NON CI CREDO!

Alcuni scienziati ritengono che la Terra sia stata completamente ricoperta dal ghiaccio per ben due volte. L'ultima volta fu 635 milioni di anni fa.

I primi animali

343 **I fossili mostrano che circa 500 milioni di anni** fa vivevano negli oceani animali per noi molto insoliti. Alcuni avevano più teste, proboscidi come quelle degli elefanti, bocche rivolte all'indietro, e molte altre strane caratteristiche.

▼ Gli animali del periodo Cambriano si estinsero quando le condizioni sulla Terra cambiarono. Non ci sono loro discendenti in vita.

344 **Migliaia di fossili sono stati** trovati nei depositi di argillite di Burgess, in Canada. Il sito fu scoperto nel 1909 da Charles Walcott (1850-1927). Dissotterrò più di 65.000 fossili Sorprendentemente, alcuni erano di animali dal corpo molle come le meduse.

▼ Questi scienziati stanno lavorando a uno scavo nella famosa cava di Walcott nei depositi di argillite di Burgess, in Canada.

345 **Durante il periodo Cambriano** (545-495 milioni di anni fa) gli oceani erano pieni di vita. C'erano molluschi, echinodermi, trilobiti, vermi, meduse e alcune prime specie di pesci. Questi ultimi erano diversi dagli altri animali perché avevano la spina dorsale: erano i primi vertebrati!

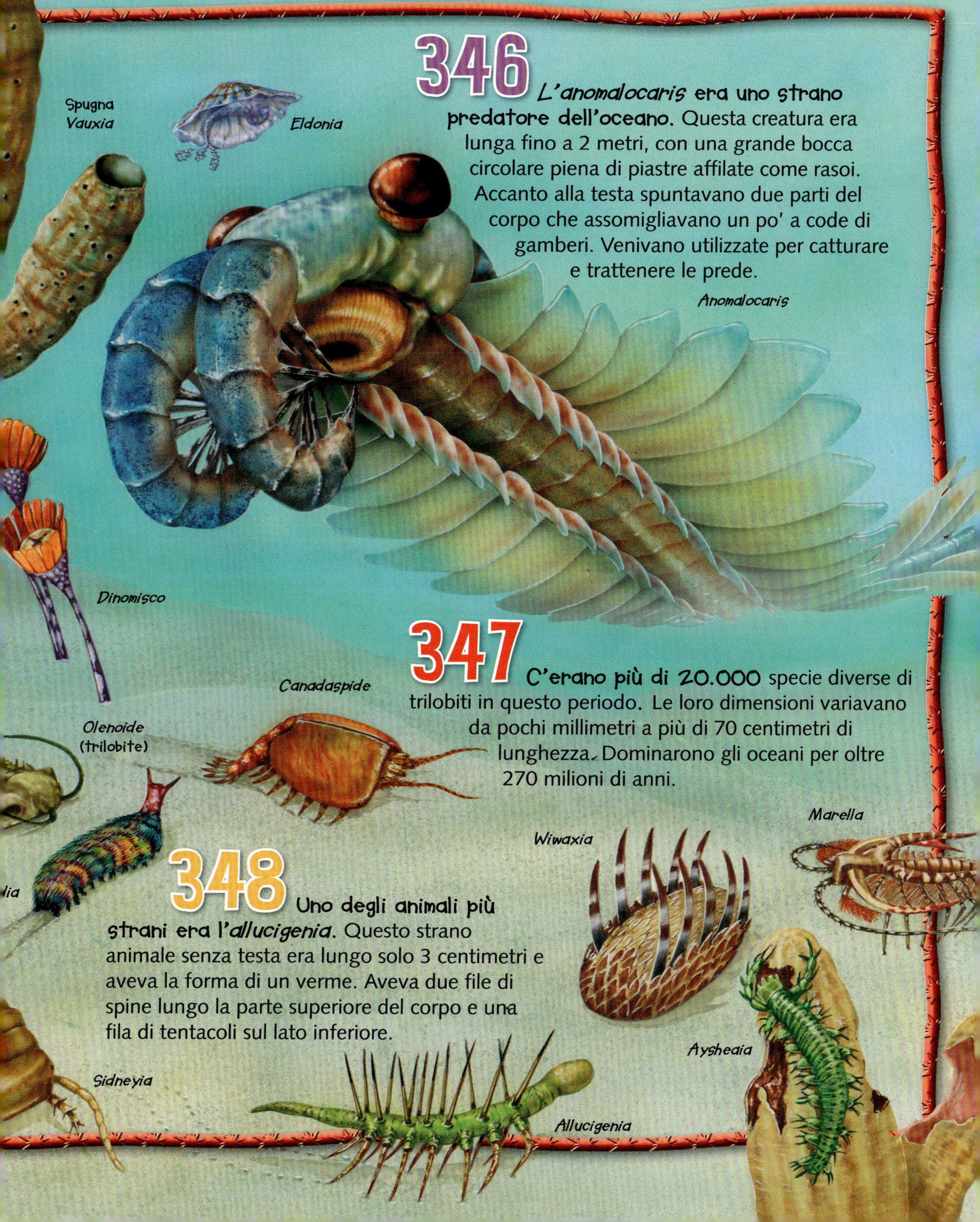

346 **L'*anomalocaris* era uno strano predatore dell'oceano.** Questa creatura era lunga fino a 2 metri, con una grande bocca circolare piena di piastre affilate come rasoi. Accanto alla testa spuntavano due parti del corpo che assomigliavano un po' a code di gamberi. Venivano utilizzate per catturare e trattenere le prede.

347 **C'erano più di 20.000** specie diverse di trilobiti in questo periodo. Le loro dimensioni variavano da pochi millimetri a più di 70 centimetri di lunghezza. Dominarono gli oceani per oltre 270 milioni di anni.

348 **Uno degli animali più strani era l'*allucigenia*.** Questo strano animale senza testa era lungo solo 3 centimetri e aveva la forma di un verme. Aveva due file di spine lungo la parte superiore del corpo e una fila di tentacoli sul lato inferiore.

Il passaggio alla terraferma

349 Le piante semplici apparvero circa 400 milioni di anni fa. I muschi sono piante primitive che possono crescere solo in zone umide. Le felci sono più evolute sono apparse 350 milioni di anni fa. A circa 300, gran parte delle terre emerse era ricoperta da foreste di conifere e paludi.

▲ Questa scena mostra alcune prime specie di alberi e piante in una foresta allagata durante il periodo Carbonifero (359–299 milioni di anni fa).

350 Molti dei primi animali terrestri erano erbivori. Uno era l'*Arthropleura* il più grande animale simile a un millepiedi mai esistito. Anche se era imparentato con artropodi come insetti e granchi, crebbe fino alle dimensioni di un coccodrillo, con un corpo lungo fino a 2 metri.

351 Prova a immaginare uno scorpione più grande di te! Era lo *pterigoto*, un temibile predatore che cacciava i pesci più di 400 milioni di anni fa. Alcuni dei suoi parenti furono tra i primi animali a strisciare sulla terraferma. Gli scorpioni di mare sono estinti, ma sono stati gli antenati del gruppo degli aracnidi che comprende ragni e scorpioni.

ANIMALI IN EVOLUZIONE

Cosa ti serve

matita • blocco per appunti • carta da lucido

1. Disegna una semplice sagoma di un animale.
2. Fai una copia usando la carta da lucido, ma cambia una parte del corpo.
3. Traccia la seconda immagine. Questa volta cambia qualcos'altro.
4. Fallo dieci volte, poi guarda i tuoi disegni per vedere come si è evoluto l'animale.

▼ Impronte fossili di *Arthropleura* sono state trovate nelle rocce: ciò indica che gli animali si muovevano rapidamente sul terreno.

352 **I primi insetti volanti apparvero circa 350 milioni di anni fa.** Gli scienziati pensano che le ali si siano evolute da lembi del loro corpo principale. Gli insetti li usavano per rallentare la loro caduta al suolo. Man mano che i lembi diventarono più grandi, gli insetti poterono planare e poi volare. I più grandi insetti volanti erano gli antenati delle libellule.

▲ La *Meganeura* aveva un'enorme apertura alare, fino a 1 metro, ed era uno dei più grandi insetti volanti mai esistiti.

353 **Alcuni pesci svilupparono pinne anteriori carnose,** che sfruttarono per sostenersi sulla terraferma. Si muovevano sulle spiagge sabbiose da una pozzanghera all'altra, come gli attuali saltafango. Con il tempo, le pinne si svilupparono in zampe e apparvero i primi vertebrati a quattro zampe chiamati tetrapodi: gli anfibi.

354 **Le uova** degli anfibi si seccano se deposte sulla terraferma. Gli anfibi preistorici, quindi, dovevano tornare in acqua per deporle. Il grande salto evolutivo avvenne quando svilupparono la capacità di deporre le uova sulla terraferma.

Eustenottero
Un pesce con pinne a lobo che viveva nelle paludi fangose circa 385 milioni di anni fa.

Tiktaalik
Questo pesce aveva pinne simili ad arti che potevano sostenerlo sulla terraferma.

Ittiostega
Gli arti di questo animale si sono adattati per permettergli di strisciare sulla terraferma.

▶ I tetrapodi (animali con quattro arti) come l'*ittiostega* si sono evoluti dai pesci nel corso di milioni di anni, adattando a poco a poco i loro corpi per vivere sulla terraferma.

Rettili e dinosauri

355 I primi rettili si svilupparono dagli anfibi 315 milioni di anni fa. Erano piccoli, simili a lucertole e deponevano uova con un guscio coriaceo, un adattamento che li aiutò a vivere in habitat secchi, su terreni dove pochi animali si erano avventurati prima.

▲ Uno dei primi rettili fu l'*ilonomo* un piccolo animale simile a una lucertola. Deponeva le uova sulla terraferma.

▲ Nel corso di milioni di anni si svilupparono più di 1.000 specie diverse di dinosauri, che si adattarono agli ambienti mutevoli della Terra.

356 I dinosauri si evolsero circa 230 milioni di anni fa da un gruppo di rettili striscianti e dominarono la Terra per 170 milioni di anni, superando per numero gli altri vertebrati che vivevano nello stesso periodo.

357 I primi dinosauri, come l'*Eoraptor* erano piccoli, eretti e avanzavano sulle zampe posteriori. La loro postura eretta era dovuta ad anche diverse dagli altri rettili. Potevano mettere le zampe sotto il corpo per sollevarlo da terra. Questo permise loro di muoversi più velocemente.

▶ Il *Giganotosauro* era uno dei più grandi dinosauri carnivori. Come l'*Argentinosauro*, viveva in America del Sud.

358 **I dinosauri più piccoli pesavano** qualche chilo. Un gigante come l'*Argentinosauro*, secondo gli scienziati, era lungo circa 40 metri e pesava fino a 50 tonnellate. È difficile esserne sicuri perché raramente si trovano scheletri completi.

▼ Per circa 100 milioni di anni, enormi dinosauri chiamati sauropodi, tra cui l'*Argentinosauro*, dominarono il pianeta.

359 **Uno dei dinosauri più conosciuti è il *T rex*.** Uno dei più grandi carnivori terrestri di sempre, si alzava sulle zampe posteriori e usava la lunga coda per bilanciarsi. Era alto 4 metri alle anche e lungo circa 13 metri, non così grande come il suo parente *Giganotosauro*.

▲ Verso la fine del regno dei dinosauri, i sauropodi furono sostituiti dai *triceratopi* (1), dagli *anchilosauri* (2) e dai dinosauri dal becco d'anatra (3), tutti erbivori.

360 **Circa 65 milioni di anni fa,** un numero enorme di esseri viventi si estinse in poco tempo. La causa fu probabilmente un meteorite che si schiantò sulla Terra, alzando nell'atmosfera grandi quantità di polvere e causando un inverno globale. Più della metà delle specie non sopravvisse ai rapidi cambiamenti e si estinse, compresi quasi tutti i grandi animali terrestri.

QUIZ

1. Quando sono apparsi i primi rettili?
2. Il *triceratopo* era erbivoro o carnivoro?
3. Per quanto tempo i dinosauri dominarono la terra?

Risposte
1. 315 milioni di anni fa
2. Un erbivoro 3. Circa 170 milioni di anni

I primi uccelli

▲ Il *velociraptor* aveva zampe con artigli curvi, simili agli artigli dei moderni rapaci.

361 **Circa 150 milioni di anni** fa un piccolo tipo di dinosauro sviluppò le piume e la capacità di volare. Molti scienziati lo ritengono il primo uccello. Gli uccelli sono più vicini ai dinosauri di quanto lo siano i coccodrilli moderni, perché hanno un antenato comune.

▶ Gli scienziati non sanno per certo se l'*Archaeopteryx* potesse sbattere le ali o se semplicemente planasse da un albero all'altro.

362 **Darwin sospettava che** uccelli e dinosauri fossero collegati. Nel 1861, due anni dopo la pubblicazione de *L'origine delle specie*, si scoprì lo scheletro fossile di una creatura simile a un uccello, l'*Archaeopteryx*. Aveva caratteristiche sia dei dinosauri, come denti e coda ossea, sia degli uccelli, come le ali.

363 **Gli uccelli condividono** molte caratteristiche con i rettili. I rettili hanno la pelle squamosa, gli uccelli le zampe. Sia gli uccelli che i rettili depongono uova con un guscio. Si pensa che gli uccelli discendano da piccoli dinosauri simili a raptor chiamati "maniraptorani", che includono il *velociraptor*.

◀ Le piume, gli artigli e il cranio dell'*Archaeopteryx* sono visibili chiaramente sui fossili di questa creatura preistorica.

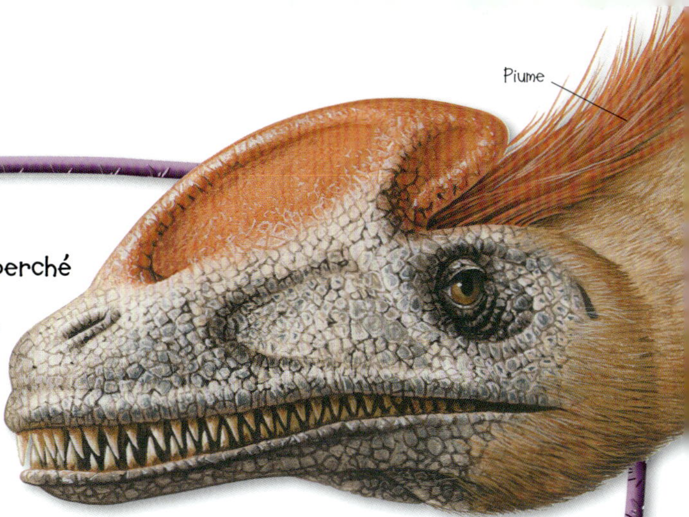

364 Esistono molte teorie sul perché ai dinosauri crescessero le piume.

Gli uccelli usano le piume per volare e per comunicare. Poiché i dinosauri non avevano ali, le prime piume potrebbero aver avuto un ruolo diverso: fornire calore o favorire la comunicazione.

▲ I dinosauri come il *Guanlong* potrebbero aver avuto piume dai colori vivaci per attirare i partner.

365 Dopo l'era dei dinosauri, questi enormi uccelli divennero i predatori più grandi.

I primi erano simili a polli, ma un uccello molto più grande chiamato *Phorusrhacos* si sviluppò nelle praterie dell'America del Sud. Questo grande uccello simile allo struzzo era alto più di 3 metri e poteva correre a più di 60 km l'ora. Gli ultimi sopravvissuti si estinsero circa 5.000 anni fa.

NON CI CREDO!

Il casuario dall'aspetto preistorico dell'Australia ha piume rigide e ali piccole. I suoi antenati potevano volare, ma nel corso di milioni di anni i casuari persero questa capacità.

▶ Il *Gastornis* era un temibile predatore dotato di un becco potente e zampe artigliate.

366 Uno degli uccelli più grandi

mai vissuto era l'enorme Gastornis, che però non volava. Questo gigantesco uccello carnivoro era alto più di 2 metri. Era dotato di un'arma sorprendente: un grande becco a forma di accetta. Poteva rompere la spina dorsale di un piccolo cavallo con una sola beccata.

L'era dei mammiferi

367 I primi mammiferi comparvero circa 220 milioni di anni fa e si estinsero insieme ai dinosauri. Si evolsero da un gruppo di rettili diverso dai dinosauri e dagli uccelli, chiamati terapsidi, ed erano piccoli e simili a donnole. Cacciavano insetti.

► Il *Leptictidium*, un piccolo mammifero primitivo, usava il muso allungato per fiutare prede come questa cicala.

368 L'ascesa dei mammiferi non fu rapida: ci vollero milioni di anni perché si sviluppassero e si diversificassero. Proprio come i dinosauri prima di loro, i mammiferi si adattarono a molti habitat diversi. Alcuni ritornarono in mare, sotto forma di balene e delfini, altri svilupparono lunghe zampe e vagarono per le praterie, mentre i pipistrelli svilupparono le ali e presero il volo.

369 Tutti i mammiferi hanno la stessa disposizione delle ossa nei loro arti. Prende il nome di arto pentadattilo. L'elemento base del braccio è un singolo osso nell'arto superiore (l'omero), unito a due ossa nell'arto inferiore (il radio e l'ulna). Ogni arto termina con cinque dita.

▼ L'arto pentadattilo in ognuno di questi mammiferi si è evoluto in modo da adattarsi al loro stile di vita.

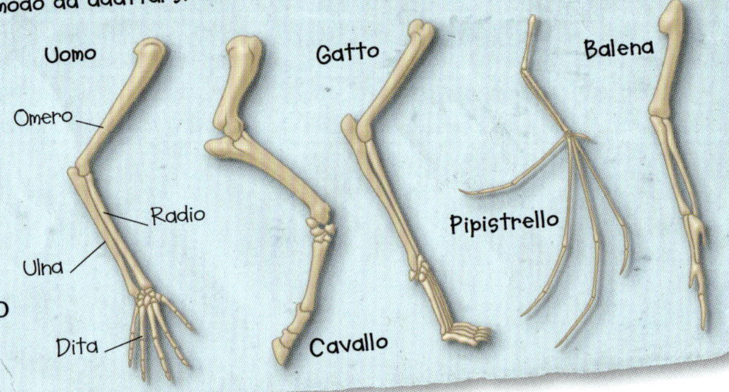

370 **Circa 50 milioni di anni fa** apparve il primo animale simile a un cavallo, l'***iracoterio***. Viveva nella foresta ed era grande come un cane. Quando le praterie sostituirono le foreste, animali come il *miohippus* presero il posto dell'*iracoterio*. Il *miohippus* aveva denti grandi e crestati, per masticare erbe dure.

▲ Il *miohippus* visse da circa 36 a 25 milioni di anni fa. I suoi fossili sono stati trovati in America. del Nord

371 **Durante l'ultima era glaciale, circa** 70.000 anni fa vissero alcuni sorprendenti mammiferi. Si adattarono al freddo estremo, poiché gran parte della terra era coperta di ghiaccio. I mammut lanosi vivevano accanto alle tigri dai denti a sciabola. Questo felino era grande come un orso e cacciava bisonti e piccoli di mammut.

QUIZ

Quale dei seguenti mammiferi non c'entra con gli altri?
Tigre Foca Cavallo Echidna Pipistrello Balena Cane

Risposta
l'echidna, gli altri sono mammiferi placentati

372 **Oggi esistono quasi 5.500 specie di mammiferi.** I più primitivi sono i monotremi ovipari, come l'echidna, che condividono molte caratteristiche con i loro antenati rettili. I marsupiali come il canguro e il koala danno alla luce dei piccoli che accudiscono nel loro marsupio. Il gruppo più grande è quello dei mammiferi placentati, che danno alla luce dei piccoli ben sviluppati.

▶Le foche sono mammiferi placentati. Le femmine restano gravide per un anno e nutrono i loro piccoli con il latte.

▶ I mammiferi marsupiali come i canguri trasportano i loro piccoli in un marsupio.

▶ Esistono solo due mammiferi monotremi, l'echidna (a destra) e l'ornitorinco.

La storia dell'uomo

373 **L'uomo appartiene** al gruppo dei mammiferi primati. Tutti hanno un cervello grande per le loro dimensioni e occhi rivolti in avanti che danno una visione 3D. La maggior parte ha dita con unghie per manipolare e afferrare oggetti.

▶ I primati includono lemuri e scimmie come gibboni, scimpanzé e gorilla (mostrati qui).

▶ Questa linea temporale mostra come si sono evoluti i vari gruppi umani, dai tipi molto antichi che vivevano in Africa più di quattro milioni di anni fa, agli esseri umani moderni.

374 **I primati apparvero circa 75 milioni di anni fa.** L'uomo ha un antenato comune con gli scimpanzé che viveva in Africa circa sei milioni di anni fa. Poi la linea si divide, e gli scimpanzé si evolvono separatamente dagli umani. Quattro milioni di anni fa, i nostri antenati umani abitavano sugli alberi e camminavano con difficoltà su due gambe.

▼ Il bacino di un uomo è più corto e largo di quello di un gorilla. Permette all'uomo di stare in piedi.

375 **Due milioni e mezzo di anni fa,** apparve il nostro primo antenato: L'*homo habilis* aveva un cervello grande ed era molto adattabile. La dieta era variegata, preferiva la carne dalle carcasse piuttosto che erbe e imparò a usare strumenti di pietra per rompere le ossa e mangiare il nutriente midollo interno.

376 **Due milioni di anni fa, un** gruppo di primi esseri umani uscì dall'Africa e popolò altre regioni del mondo. Questo antenato era l'*homo erectus*, e aveva un aspetto più umano. Si diffuse in una varietà di habitat diversi e imparò a usare il fuoco e a cuocere il cibo.

NON CI CREDO!

Nel 1974, gli scienziati trovarono delle ossa fossilizzate in Etiopia. Le ossa avevano 3,2 milioni di anni e appartenevano a una piccola creatura femminile. Gli scienziati la chiamarono Lucy ma il suo nome latino è *Australopithecus afarensis*.

377 **I Neanderthal vissero in Europa** circa 130.000 anni fa. All'epoca l'Europa si trovava ancora in un'era glaciale. I Neanderthal avevano un corpo corto e tozzo, adatto a vivere al freddo. Cacciavano gli animali e avevano una dieta prevalentemente a base di carne. Poi, circa 30.000 anni fa, il clima divenne più caldo, arrivarono gli uomini dall'Africa e i Neanderthal si estinsero.

378 **L'uomo moderno, con un** cervello altamente sviluppato, ebbe origine in Africa circa 200.000 anni fa. Come molti altri esseri umani primitivi, gli esseri umani moderni dimostrarono di essere altamente adattabili. Svilupparono una cultura e un linguaggio, e impararono a sfruttare gli strumenti per modificare il loro ambiente.

Selezione artificiale

379 L'uomo può alterare l'evoluzione con la selezione artificiale, simile alla selezione naturale, ma che richiede che sia l'uomo a selezionare i genitori della generazione successiva. Con il tempo, la selezione artificiale può portare a nuovi tipi di piante e animali.

380 Il cane è imparentato con il lupo. Gli uomini iniziarono 15.000 anni fa, ad addomesticare i lupi che si trovavano intorno ai loro insediamenti. Nel tempo, l'aspetto degli animali addomesticati cambiò man mano che l'uomo selezionava esemplari con determinate caratteristiche.

▼ I cani possono essere raggruppati secondo il loro aspetto e lo scopo per cui vengono allevati.

▲ I lupi sono gli antenati di tutte le razze canine. Lupi e cani hanno ancora molte caratteristiche in comune, come l'ululare e l'abbaiare.

381 Le varie razze canine sembrano molto diverse, ma appartengono tutte alla stessa specie. Questo significa che possono riprodursi tra loro. Esistono anche diverse razze di gatti domestici, ognuna allevata per un aspetto particolare.

NON CI CREDO!

Nello Utah più di 47.000 alberi di pioppo sono uniti da polloni sotterranei. L'albero madre ha inviato polloni dalle radici, germogliati in nuovi alberi. Si tratta di cloni identici.

382 **La selezione artificiale** ha sviluppato anche colture e bestiame. Scegliendo piante madri con alti rendimenti o resistenza alle malattie, gli scienziati hanno alterato le piante coltivate, come il grano e il riso. Le mucche da latte ora producono più latte, poiché gli allevatori hanno allevato le mucche che ne producevano di più.

▲ La selezione delle piante può produrre piante con più sapore, maggiore resa e resistenza alle malattie.

383 **Durante la selezione artificiale** vengono scelte le caratteristiche più vantaggiose. Poiché la maggior parte degli esseri viventi ha due genitori, vi sono variazioni, cioè nuove caratteristiche che sviluppate dal rimescolamento dei geni parentali. Questo dà spesso un vantaggio. Per esempio, i geni di alcune piante le fanno crescere più alte, permettendo loro di raggiungere la luce del sole prima di altre.

384 **Anche i cloni, cioè esemplari geneticamente identici,** possono essere creati tramite selezione artificiale. Ma presentano uno svantaggio evolutivo, perché non c'è variazione tra gli esemplari. Se un gruppo di animali o piante clonati fosse colpito da una malattia, potrebbero essere spazzati via tutti.

▼ Le varietà moderne di riso hanno rese maggiori. I tipi più recenti sono stati modificati geneticamente in modo da sopravvivere in condizioni di siccità e acqua salata.

L'evoluzione all'opera

385 L'evoluzione non si ferma mai – avviene intorno a noi anche adesso. Di solito, avviene lentamente, nel corso di milioni di anni. Ci sono voluti sei milioni di anni all'uomo moderno per evolversi dagli animali che vivono nella foresta. Ma a volte l'evoluzione può avvenire in pochi anni o anche meno.

386 Comprendendo l'evoluzione, gli scienziati combattono meglio le malattie, per esempio con i vaccini contro l'influenza, una malattia causata da un virus che può evolversi rapidamente. Ciò significa che gli scienziati devono sviluppare nuovi vaccini per tenere il passo.

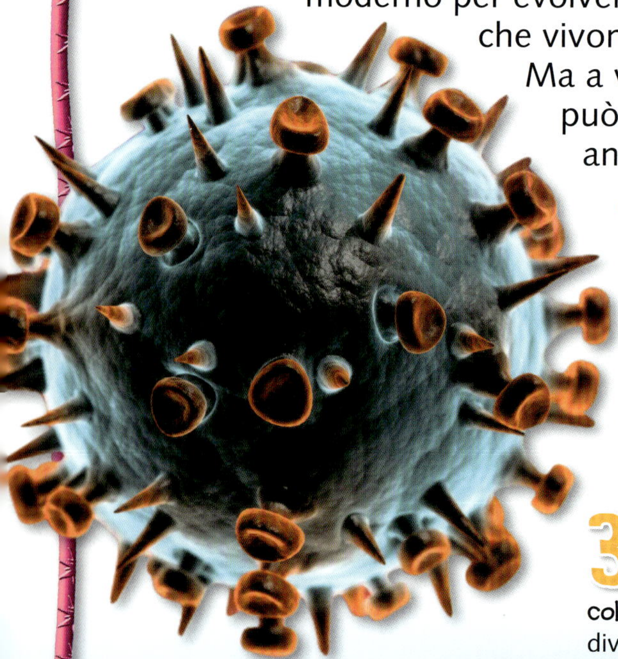

▲ I vaccini contro l'influenza non funzionano più quando le mutazioni cambiano la superficie del virus dell'influenza.

387 Gli agricoltori usano i diserbanti sulle colture, ma alcune erbe infestanti stanno diventando resistenti. Quando una coltura viene trattata con il diserbante, ogni pianta infestante che ha un gene resistente al diserbante sopravvive, mentre le altre muoiono. Le piante sopravvissute producono semi e presto ci saranno altre piante infestanti resistenti.

▼ L'uso eccessivo di diserbanti può far sì che alcune erbe infestanti diventino resistenti ai prodotti chimici.

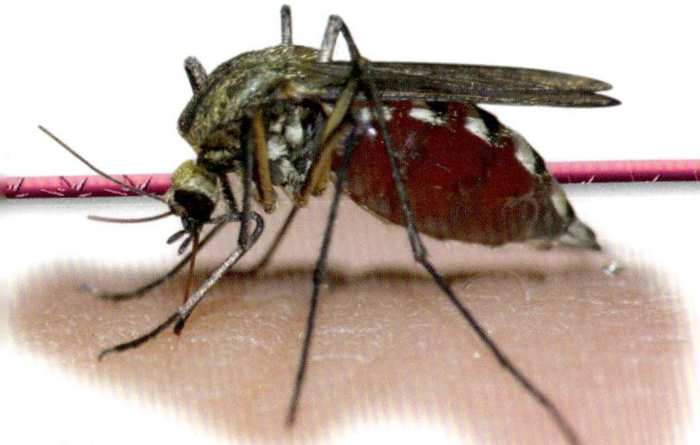

▲ Le zanzare trasmettono i parassiti che causano la malaria. L'aumento delle temperature globali fa sì che sopravvivano in più luoghi del pianeta.

388 **Il cambiamento climatico** influenza l'evoluzione. Alcune specie si adattano ai cambiamenti e sopravvivono, altre non riescono e rischiano l'estinzione. Il cambiamento climatico influenza anche le stagioni – in molti luoghi, la primavera inizia prima. Questa situazione causa problemi a piante e animali.

389 **Alcune lucertole cambiano il loro** aspetto per sfuggire alle formiche di fuoco, piccole ma aggressive, che possono ucciderle, come lo sceloporo. Le lucertole che vivono vicino a queste formiche hanno zampe più lunghe di quelle che vivono in zone senza formiche. I geni per le zampe lunghe sono stati ereditati per aiutare le lucertole a fuggire.

▲ Le lucertole con zampe lunghe hanno più probabilità di sopravvivere e riprodursi di quelle con zampe corte.

390 **Gli esseri umani si sono evoluti in** poche migliaia di anni. Molti adulti non possono bere latte a causa del lattosio che contiene. Circa 5.000 anni fa, le popolazioni europee iniziarono ad allevare bestiame. Si verificò una mutazione che permise agli adulti di digerire il lattosio. Gli esseri umani sono una specie adattabile – la nostra capacità di cambiare può aiutarci a sopravvivere in un mondo in continua mutazione.

▼ La tribù Hadza dell'Africa è una delle poche tribù di cacciatori-raccoglitori che vivono ancora in modo simile ai nostri antenati.

Indice analitico

Le voci in **grassetto** rappresentano le voci principali. Le voci in *corsivo* rappresentano le illustrazioni
Le voci in **grassetto** rappresentano le voci principali. Le voci in *corsivo* rappresentano le illustrazioni

Referenze fotografiche

Gli Editori sono grati alle seguenti persone e organizzazioni per il permesso di riprodurre le loro opere. Si prega di segnalare le eventuali involontarie omissioni, alle quali si provvederà nelle prossime edizioni.
Legenda: t = sopra, b = sotto, l = sinistra, r = destra, c = centro, bg = sfondo

Copertina mathagraphics/Shutterstock **Dorso** Johan Swanepoel/Shutterstock; Gen Epic Solutions/Shutterstock;
Quarta di copertina (clockwise from l) Lightspring/Shutterstock; David Parker/Science Photo Library; Keith Gentry/Shutterstock; Mary Clay/Ardea
Risguardi axon/Shutterstock

Alamy 50(bl) Guy Bell; 70(tr) Granger Historical Picture Archive; 73(c) Photo Researchers; 78(bl) Pictorial Press Ltd; 157(b) Ariadne Van Zandbergen

Ardea 129(cr) Piers Cavendish, (b) Mary Clay; 152(bl) Jean Michel Labat

Bridgeman Art Library 71(bl) British Library Board

Dreamstime 18(b) Silverstore; 19(br) Adam1975; 21(tr) Paha_l; 34(t) Zoom-zoom; 87(br) Alangh; 88(b) Velkol; 103(tr) Tobkatrina; 109(tr) Kati1313; 121(tr) Barsik; 131(crab) Mailthepic

FLPA 132(tr) Rob Reijnen/Minden Pictures; 133(bc), (br) Tui De Roy/Minden Pictures; 135(b) Thomas Marent/Minden Pictures; 154(c) Paul Sawer

Fotolia.com 13(tl) Paul Heasman, (cr) Dariusz Kopestynski; 21(br) photlook; 97(tl) chrisharvey; 99(cl) Alexander Yakovlev; 126(cl) & 127(cl) Kirsty Pargeter; 129(tc) Darren Hester; 137(paper bg, rt) Alexey Khromushin

Getty 39(b) Laguna Design/Oxford Scientific; 50(c) Will & Deni McIntyre; 52(br) Leemage/Universal Images Group; 57(cr) Universal ImagesGroup; 59(tr) Jason Reed; 60(tl) Mark Ralston, (c) Barcroft Media/Contributor; 69(b) Stephen Dalton/Minden Pictures; 128(l) Anup Shah

iStockphoto.com 16–17(bg) Kevin Smith; 89(br) Rosemarie Gearhart; 141(tr) Jouke van der Meer

Louie Psihoyos 136–137(c)

NASA 56(c) NASA/JPL; 78(bg) NASA/JPL/California Institute of Technology; 79(c) NASA/JPL-Caltech; 82(tl) NASA/JPL-Caltech

Photoshot 134(c) & 136(cl) NHPA

Rex Features 81(cr) Jason Rasgon; 137(tr) KeystoneUSA-ZUMA

Science Photo Library 48(c) Anakao Press/Look at Sciences; 54(b) Christian Jegou Publiphoto Diffusion; 64(br) Sheila Terry; 67(br) Peter Menzel; 69(t) Javier Trueba; 74(bg) U.S. Navy; 77(c) Mikkel Juul Jensen, (bl) Lawrence Livermore; 78(tr) Harvard College Observatory; 83(tc) Thomas Deerinck, NCMIR, (br) David Parker; 126–127(c) Mark Garlick; 138–139(c) Jose Antonio Peñas; 140–141(c) Christian Jegou Publiphoto Diffusion; 142(bl) Alan Sirulnikoff; 144(bg) Christian Jegou Publiphoto Diffusion; 149(b) Jaime Chirinos; 150(cr) Christian Darkin; 152–153(c) Philippe Plailly/Eurelios; 155(cl) Philippe Psaila; 156(cl) Jose Antonio Peñas

Shutterstock.com 1 Kjpargeter; 2–3 Shilova Ekaterina; 4–5 XYZ; 6–7(bg) ssguy; 8–9(c) Sergey Lavrentev; 9(t) Ljupco Smokovski; 10(bg) Deymos, (tr) Vakhrushev Pavel, (bl) Ivonne Wierink; 11(t) w shane Dougherty; 12(tr) yuyangc; 14(c) yxm2008, (bl) ARENA Creative; 15(br) Tatiana Makotra; 20(bg) asharkyu, (c) Eimantas Buzas; 22–23(c) vadim kozlovsky; 24(b) Smileus; 25(c) Ray Hub; 26(c) Sebastian Crocker; 27(br) Hywit Dimyadi; (c) ifong; 29(tl) Viktor Gmyria; 30–31(bg) Redshinestudio; 31(tl), (cl), (bl) & (br) Annette Shaff; 32(b) Jaggat; 33(c) michael rubin; 34(tr) Maksim Toome, (cr) Balazs Toth, (r) CaptureLight, (bl) Jaochainoi; 40(tl) Kurhan, (b) Tamara Kulikova; 41(tr) Alexander Raths, (b) Kirsty Pargeter; 43(tr) wim claes, (br) indiangypsy; 44(c) beerkoff, (bl) Smit; 47(tr) Morgan Lane Photography, (b) ssuaphotos; 48(r) kanate; 49(br) Cameramannz; 50(br) & 76(bl) happydancing; 51(b) nuttakit; 53(bg) pixeldreams.eu, (br) Maridav; 54(cr) c.; 55(tr) Janaka Dharmasena, (bl) Suzan Oschmann; 56(bl) Olegusk; 57(l) Ana del Castillo; 58(bg) basel101658, (t) D. Kucharski & K. Kucharska, (c) Jubal Harshaw; 59(c) argus; 60(bg) Chepko Danil Vitalevich, (b) testing, (c) nuttakit; 61(tr) koya979; 62(br) Gerasia, (bl) vovan, (bg) beboy; 63(bl) happydancing, (tr) thoron; 64(t) JonMilnes, (tr) Mazzzur; 65(bg) omer cicek, (t, l–r) bonchan, Arturo Limon, bonchan, Denis Selivanov, (br) fzd.it; 66–67(bg) Gunnar Pippel; 66(bg) Molodec, (br) nuttakit; 68(cl) Andy Lidstone, (c) AridOcean, (b) Jason Duggan, (bl) Alfie Photography, (br) Brandelet; 71(c) Fotocrisis; 72(c) Stephen Aaron Rees; 74(br) MrJafari, (bl) Stephen Aaron Rees; 77(b) wanchai; 80(bl) Lisa F. Young; 81(tl) Andrey Yurlov, (bl) Linda Z Ryan; 84–85(c) jan kranendonk; 84(tl) Jurgen Ziewe; 89(tl) Kozlovskaya Ksenia; 90(bl) Lilya Espinosa; 91(bl) Stanislav Fridkin; 92(tr) Jeanne Hatch, (c) Felix Mizioznikov, (cr) wong sze yuen; 93(cl) Steven Chiang, (br) Carmen Steiner; 96(bg) konmesa; 100(bl) Taranova; 101(tr) Jaren Jai Wicklund; 102(cr) JonMilnes; 105(cr) Lawrence Wee; 106–107(c) Elena Schweitzer; 106(b) Yuri Arcurs; 112–113(bg) Sebastian Kaulitzki; 115(tr) beerkoff; 117(cl) Paul Matthew Photography; 119(tl) Elena Elisseeva; 123(tr) Sebastien Burel; 124(b) picturepartners; 125(b) Monkey Business Images; 128(br) Brandelet; 130(crinoidi) Rostislav Ageev, (stella marina) Christopher Elwell, (stelle serpentine) FAUP, (ricci di mare) NatalieJean, (cetrioli di mare) Philip Lange, (c, bg) kanate, (bl pannello, rt) donatas1205; 131(tigre), (leone), (caracal), (gatto domestico), (ghepardo), (volpe rossa), (leone marino), (gorilla), (koala) e (rana) Eric Isselée, (donnola) Ronnie Howard, (lupo) Maxim Kulko, (pipistrello) Kirsanov, (balena) Computer Earth, (coniglio) Stefan Petru Andronache, (orso polare) Ilya Akinshin, (pesce vela) holbox, (colibrì) Steffen Foerster Photography, (coccodrillo) fivespots, (libellula) Subbotina Anna, (stella marina) Mircea Bezergheanu, (lumaca) Sailorr, (medusa) Khoroshunova Olga, (rospo) Ultrashock, (squalo) Rich Carey, (serpente) fivespots, (aquila) Steve Collender, (bg) Mark Carrel, (pannelli colorati, rt) sharpner; 132(c) ryadnikov Sergey, (r) Mark Bridger, (bl) Paul Broadbent, (b) U.P.images_vector; 133(cl) AridOcean, (c) Anton Balazh, (cr) & (bl) Stubblefield Photography, (tr, rt) donatas1205; 135(bl) Anton Balazh; 136(bl) donatas1205; 139(cr) illustrart; 144–145(bg) Andre Mueller; 144(bl) & 147(bl) donatas1205; 146–147(bg) Pakhnyushcha; 148(bg) Lucy Baldwin, (tr) FloridaStock; 152–153(bg) Mark Carrel, (c) saiko3p; 155(br) Dudarev Mikhail; 156(b) Fotokostic; 157(tr) Pasi Koskela

TopFoto 58(bl), 61(c) & 66(tr) The Granger Collection; 73(tc) World History Archive

Tutte le altre fotografie sono di: DigitalSTOCK, digitalvision, John Foxx, PhotoAlto, PhotoDisc, PhotoEssentials, PhotoPro, Stockbyte

Tutte le grafiche provengono dalla Miles Kelly Artwork Bank

È stato compiuto ogni sforzo per riconoscere la fonte e il detentore del copyright di ciascuna immagine.
Miles Kelly Publishing si scusa per qualsiasi errore o omissione involontaria.